Wer war er, der Vater Ihrer Kindheit? John Selby lädt ein, sich die frühen Jahre mit dem Vater ins Gedächtnis zurückzurufen. Aus welcher Familie stammte er? Wie stand er zu seiner Arbeit? Was brachte er Ihnen bei? Wie belohnte und wie bestrafte er? Die Antworten auf diese und viele weitere Fragen und eine Reihe von meditativen Übungen loten die Beziehung zu der Person aus, die im Leben eines jeden Menschen von zentraler Bedeutung ist — gleichgültig, ob präsent oder abwesend, liebevoll oder unaufmerksam, noch am Leben oder bereits gestorben. Eine konstruktive Auseinandersetzung mit Persönlichkeit und Einfluss des Vaters bereichert nicht nur die Selbsterkenntnis, sondern lässt auch gegenwärtige Beziehungen in klareren Konturen erscheinen.

John Selby ist Doktor der Philosophie, Psychologe, Bewusstseinsforscher, Pädagoge, Unternehmensberater und Autor zahlreicher Bücher, darunter: ›Die Kunst, allein zu sein‹ (1999). Er lebt auf Hawaii.

JOHN SELBY

VÄTER
UND IHRE ROLLE
IN UNSEREM LEBEN

Aus dem Englischen von Elisabeth Brock

Deutscher Taschenbuch Verlag

Ungekürzte Ausgabe
April 2003
Deutscher Taschenbuch Verlag GmbH & Co. KG, München
www.dtv.de
© John Selby
Titel der amerikanischen Originalausgabe:
Fathers. Transforming Your Relationship
© der deutschsprachigen Ausgabe:
Kösel-Verlag GmbH & Co., München
Umschlagkonzept: Balk & Brumshagen
Umschlaggestaltung: Stephanie Weischer unter Verwendung
einer Fotografie von © photonica/Sandra Wavrick
Satz: Kösel-Verlag GmbH & Co., München
Gesetzt aus der 12p Bembo
Druck und Bindung: Druckerei C. H. Beck, Nördlingen
Gedruckt auf säurefreiem, chlorfrei gebleichten Papier
Printed in Germany · ISBN 3-423-36310-X

INHALT

Einführung:
Das Bild des Vaters

Es ist kein Geheimnis, dass wir alle sehr stark durch das Bild beeinflusst wurden, das unsere Eltern von uns hatten. Zweifellos hat auch der Mann, der in den ersten fünf, zehn Jahren unseres Lebens die männliche Hauptrolle spielte, unsere Persönlichkeit ganz entscheidend geprägt. Zumindest bis zu einem gewissen Grad gleichen wir heute dem Mann, der für uns als Kind damals die Vaterrolle eingenommen hatte.

Trotzdem nehmen sich die meisten Menschen nie die Zeit, innezuhalten und stärker über den Einfluss nachzudenken, den der Vater auch auf ihr gegenwärtiges Leben hat. Ganz gleich, ob der Vater noch lebt oder bereits gestorben ist, seine Person ist in unserem innersten Selbst verankert und beeinflusst unseren Umgang mit den eigenen Familienangehörigen, mit Kindern, Freunden und Bekannten.

Dieses Buch bietet eine Anleitung zur schrittweisen Bewusstwerdung dieser primären prägenden Beziehung, und zwar durch das Erinnern an zusammen mit Ihrem Vater verbrachte Zeiten und an gemeinsame Erfahrungen – an emotional belastende Erlebnisse und an glückliche Augenblicke. Um mehr über diesen Mann, der Ihr Vater war und ist, und Ihre Beziehung zu ihm zu erfahren, werde ich Sie in zwölf Schritten durch den gleichen grundlegenden Prozess und durch die gleiche Reihe von Anregungen und Fragen begleiten, wie ich es auch im persönlichen Gespräch tun würde. Obwohl meine Beispiele bestimmter Eltern-

Kind-Beziehungen die Vater-Sohn-Bindung betreffen, taugen die Fragen und Vorschläge ebenso zur Erforschung der Beziehung zwischen Vater und Tochter und werden *allen* helfen, ein tieferes Verständnis für Väter zu entwickeln. Die Vater-Kind-Beziehung kann von vielen Standpunkten aus beleuchtet werden; ich werde mich einem nach dem anderen widmen.

Zuallererst: Wer war er – der Mann, der damals in Ihrer Kinder- und Jugendzeit mit Ihrer Mutter zusammenlebte, der möglicherweise kam und ging oder Sie sogar selbst aufgezogen hat? Vielleicht war er nicht Ihr leiblicher Vater. Der Vater, um den es in diesem Buch geht, ist derjenige, der die *männliche Rolle* in Ihrer Erziehung gespielt hat. Vielleicht gab es im Laufe Ihrer Kindheit zwei oder drei solcher Männer. Die meisten Kinder haben so eine Vaterfigur, die diese Rolle zumindest teilweise ausfüllt, und dieser Mann prägt sich der Psyche unweigerlich ein.

Wir untersuchen in diesem Buch, wie diese Prägung vor sich ging und welche Langzeitwirkungen sie hat. Wir werden weiterhin versuchen herauszufinden, wer Ihr Vater tatsächlich war, nicht nur als Ihr Vater, sondern auch als Berufstätiger, als Ehemann oder Freund, als Mitglied der Gesellschaft, und wie er gedacht hat. Welche Stärken hatte er, welche Schwächen, welche Vorurteile? War er religiös? Wie sickerten all diese verschiedenen Qualitäten in Ihre sich ausprägende Persönlichkeit ein und wie haben sie Ihre Entwicklung beeinflusst?

Ich biete zur Beantwortung dieser Fragen verschiedene Techniken an, die Ihnen beim Erinnern helfen und kindliche Erfahrungen wieder ins Bewusstsein bringen. In jedem Kapitel gibt es Gelegenheit innezuhalten, das Buch zur Seite zu legen und sich mit einer bestimmten Anregung näher zu befassen. Sie hilft Ihnen jeweils, die Aufmerksamkeit nach innen zu lenken und sich auf einzelne Erinnerungen, Themen, Gefühle und Gedankengänge zu konzentrieren, die möglicherweise verborgene Aspekte Ihrer Vaterbeziehung aufdecken. Wichtig ist, sich beim Lesen dieses Buchs Zeit zu lassen und sich vielleicht immer nur ein Kapitel vorzunehmen, damit Sie über die Informationen und Erkenntnisse zu jedem Punkt Ihrer Vaterbeziehung, die Ihnen in den Sinn kommen, nachdenken können.

Diese Auseinandersetzung mit der Beziehung zu Ihrem Vater wird höchstwahrscheinlich manche Erinnerung an schmerzliche oder sogar traumatische Zeiten wachrufen. Ganz ohne Konflikte mit einem Vater aufzuwachsen ist fast unmöglich. Haben Sie den Mut, sich an seine mögliche Feindseligkeit zu erinnern, seine Wut oder Aggression, sogar an Ihre Angst und Ihr Zittern vor ihm. Das wird Ihnen sehr helfen, einen vollständigen und realistischen Blick für diesen Mann zu bekommen und zu erfahren, wie er Ihre Entwicklung beeinflusst hat.

Viele der tiefsten emotionalen Traumen, die noch unser erwachsenes Leben lange einschränken und einengen, haben ihre Wurzeln in frühkindlichen Konflikten mit dem Vater beziehungsweise der Vaterfigur. Ich habe mit diesem Buch aber nicht die Absicht, Väter als schuldbeladene »Monster« zu betrachten. Es soll vor allen Dingen dabei helfen herauszufinden, was sich in Ihrer Vergangenheit tatsächlich zugetragen hat. Die meisten von uns glauben, dass sie bereits alles darüber wissen. Nun ist es aber so, dass viele Erfahrungen – gute wie schlechte – in tiefen Schichten des Gedächtnisses begraben und unserem Blick verborgen sind. Wenn wir zu diesen Erinnerungen Zugang finden, wird sich unser Blick auf die Dinge unweigerlich verändern.

Die Fragen und Anregungen in diesem Buch sollen Ihnen helfen, besser zu verstehen, wer Ihr Vater wirklich war und warum er sich so und nicht anders verhielt. Im Laufe dieses Prozesses entwickeln Sie vielleicht Mitgefühl für Ihren Vater und eine größere Akzeptanz. Dank dieser Veränderung wird es Ihnen möglich, sich von emotionalen Verstrickungen zu befreien, die Ihre Gefühle ihm gegenüber blockieren und Ihr Leben einengen und begrenzen.

Es kommt nur allzu häufig vor, dass sich Kinder von den Konflikten ihrer rebellischen Jugend nie mehr erholen. Die Herzen bleiben verhärtet und verschlossen. Das verbaut uns die Möglichkeit, Gemeinsamkeit zu erfahren, Freundschaft und Liebe – alles Dinge, die sich entwickeln können, wenn wir mit unseren Vätern von einem reiferen Standpunkt aus verkehren.

Ich hoffe deshalb, dass dieses Buch dazu beiträgt, Väter und Kinder in der heutigen Zeit einander näher zu bringen, und dass es gegenseitiges Verständnis, Mitgefühl und die Fähigkeit fördert, Gefühle und tiefere Gedanken miteinander zu teilen. Die Familie bleibt das Fundament menschlicher Hoffnung und Freude. Die Bereitschaft, ein wenig Zeit für das Nachdenken über unsere Kindheitserfahrungen aufzubringen, ist eine gute Gelegenheit, dieses Fundament in unserem Innern zu stärken und unser Leben als Erwachsene wesentlich zu bereichern.

Selbst wenn Ihr Vater vielleicht bereits gestorben ist und Sie die Vergangenheit nicht mehr ändern können, ist es nicht zu spät, die Beziehung zu ihm grundlegend in Frage zu stellen. Das Bild Ihres Vaters, das Sie im Allgemeinen in Ihrem Innern tragen, resultiert fast immer aus Ihren Kindertagen. Als Erwachsener können Sie sich in die Vergangenheit zurückversetzen, Ihren Vater neu erfahren,

ihn in einem neuen Licht sehen und dann ein realistische-
res, befriedigenderes und verständnisvolleres Bild von ihm
entwickeln. Durch eine reifere Sicht Ihrer Vaterbeziehung
können Sie sich dann nach und nach von alten Gewohnheiten befreien, die Ihre heutigen Beziehungen mit der
Familie, den Freunden und Arbeitskollegen einschränken.
Es ist eine große Herausforderung und eine wichtige Aufgabe, sich aus frühen Einengungen und emotionalen
Verstrickungen zu lösen, damit die junge Generation nicht
all die negativen Muster der älteren Generation übernimmt.

Das korrigierte Bild Ihres Vaters wird es Ihnen erleichtern, in der Vergangenheit angesammelte emotionale Störungen abzustellen und die positiven Seiten der Beziehung
zu ihm zu stärken – die der Vergangenheit und die der
Gegenwart. Ich habe diesen Prozess in meiner therapeutischen Arbeit mit Klientinnen und Klienten häufig ange
wandt und dabei viele erstaunliche Veränderungen beobachten können. Oft ermöglicht ein Buch wie dieses, den
Pfad der Versöhnung mit dem Vater zu gehen, selbst wenn
einige Meinungsverschiedenheiten bestehen bleiben sollten.

Auch wenn manche Kinder wenig oder gar keinen Kontakt zu ihren Vätern haben, sind wir in der westlichen Welt
alle in einer patriarchal orientierten Gesellschaft aufgewachsen. Seit Tausenden von Jahren wird Gott selbst als eine
männliche Figur visualisiert und künstlerisch dargestellt. Die
Schöpfungsgeschichte im Alten Testament beginnt mit der
Erschaffung des Menschen – eines Mannes, des Urvaters der
Menschheit. Und dieser erste Mann wurde angeblich nach
dem Bilde Gottes erschaffen, woraus Männer ein »gewisses«
Selbstbewusstsein ableiten.

In diesem Buch geht es nicht um die Überprüfung dieser theologischen Aussagen. Hier ist lediglich unsere intensive kulturelle Ausprägung in diese paternalistische Richtung von Bedeutung. Manche Kulturen betrachten die Situation des Menschen völlig anders; sie haben ein weibliches Urbild der höchsten Gottheit. In solchen Kulturen sind die Beziehungen der Kinder zu ihren Vätern nicht von einer solchen grundlegenden metaphysischen Dimension der Vaterrolle geprägt.

Wir alle haben unser ureigenes Verständnis von unserem christlichen Erbe entwickelt – wenn wir unter dessen Einfluss aufgewachsen sind –, weshalb wir die religiösen Vorstellungen nicht außer Acht lassen dürfen, die wir in unserer Kindheit über Gott als den himmlischen Vater in uns aufnahmen. Dabei ist es wichtig, sowohl unseren Kinderglauben als auch unsere heutige Einstellung zum Glauben anzuschauen.

Die jüdische Tradition, aus der sich die christliche entwickelte, war ein äußerst patriarchales System, das Gott als männliche Persönlichkeit mit der ganzen Palette menschlicher Gefühle sah. Er wurde als ein gerechter und liebender Gott beschrieben, aber auch als ein zorniger und gewalttätiger Gott, der ohne Zögern ganze Städte zerstören konnte, wenn sich deren Bewohner von dem Lebenswandel, den er ihnen befohlen, und den Gesetzen, die er ihnen gegeben hatte, abgewandt hatten.

Als die griechisch-römischen Kulturen die religiösen jüdisch-christlichen Traditionen übernahmen, brachten sie mit der Verehrung der Jungfrau Maria ein weibliches Element in die Religion ein. Die kirchliche Hierarchie blieb jedoch unverändert stark patriarchal. Die protestantische Kirche, die sich vor 500 Jahren von der katholischen abspaltete, verschob den Geschlechterschwerpunkt wieder zurück zum männlichen Bild alttestamentarischer Zeiten.

Das Bild von Gott, dem allmächtigen Vater, war in unserer Kultur über Jahrhunderte hinweg das dominierende Modell des Ur-Vaters, und sicher war auch unser eigener Vater – wenn er aus der jüdisch-christlichen Kultur stammte – von diesem spirituellen Bild der Vaterfigur beeinflusst. Es gibt heute viele Menschen, die ohne jede religiöse Unterweisung aufwachsen. Trotzdem bewirken die patriarchalen Bilder einer überwiegend christlichen Gesellschaft eine bestimmte Einstellung zu Männern und somit zum eigenen Vater.

Wir alle haben unseren Vater, wenn er uns nahe war, mehr oder weniger stark verehrt – er war in unseren kindlichen Augen eine Art Gott. Das Gefühl von Ehrfurcht und großem Respekt, das kleine Kinder ihrem Vater und natürlich auch ihrer Mutter gegenüber entwickeln, ist etwas ganz Normales. Fast alle kleinen Jungen und Mädchen gehen durch eine Phase, in der sie ihre Väter auf emotionaler und intuitiver Ebene buchstäblich anbeten.

Kinder glauben oft, ihr Vater sei der allerbeste Vater weit und breit, der alles kann und überhaupt der Mann schlechthin ist. Wenn wir später, im Heranwachsen, feststellen, dass eine solche »Verehrung« unangemessen war, lassen diese Gefühle oft rapide nach. Manche mögen Väter gehabt haben, die sie so schlecht behandelten, dass diese Gefühle bereits in der Kindheit verschwunden waren. Erinnerungen an liebevolle Zuwendung und Zuneigung, die wir als ganz kleine Kinder erfahren haben, können von dem, was später passierte, vollkommen ausgelöscht werden.

Wenn Sie feststellen, dass Sie ernsthafte Blockierungen oder Hemmungen haben, oder wenn Sie glauben, als Kind häufig missbraucht worden zu sein, kann es sinnvoll sein, an eine Einzeltherapie, Gruppentherapie oder Selbsthilfegruppe zu denken. In der Literatur am Ende des Buches werden mehrere Titel genannt, die weiterführende Informationen zu diesem Thema enthalten und hilfreich sein können.

Wenn Ihr Vater auf einem Podest stand, mussten Sie ihn herunterstoßen, wie wir es fast alle tun mussten, als wir älter wurden und nach und nach feststellten, dass er eigentlich gar kein so toller Kerl war, dass er seine Schwächen und Fehler hatte, seine Verwundbarkeiten und Unzulänglichkeiten. Es ist eine schwierige Phase in der Vater-Kind-Beziehung, wenn sich die magische Bewunderung und die idealisierten Bilder verlieren und erwachseneren, realistischeren Wahrnehmungen Platz machen.

Es ist aber wichtig zu wissen, dass Väter normalerweise auch ihre Kinder idealisieren – besonders ihre ganz kleinen Kinder. Als mein älterer Sohn 20 Jahre alt war und mein jüngerer gerade neun Monate, beobachtete ich bei mir genau dieselbe Tendenz. Mein kleiner Sohn war selbstverständlich der schönste Junge der Welt, und ich konnte damals bereits feststellen, dass er außerordentlich intelligent und bemerkenswert sensibel war, ein richtiger kleiner Buddha, wie er mit seinem glückselig strahlenden Lächeln alle beschenkte, die er anblickte. Väter neigen dazu, unrealistisch schöne Bilder in ihre Babys zu projizieren; dies ist ein natürlicher Teil des Beziehungsaufbaus zwischen Vater und Kind. Wir Menschen – Kinder und Erwachsene – tragen bemerkenswert mächtige innere Bilder von bestimmten »Persönlichkeiten« in uns, denen wir im Leben wahrscheinlich begegnen werden. Wir projizieren diese archetypischen Bilder sowohl auf Väter wie auf Babys.

Mein 20-jähriger Sohn schien es zu genießen, dass ich nun keine Idealbilder mehr über seine Person entwarf und keine Erwartungen mehr an seine Entwicklung stellte. Er brauchte es, dass ich ihn genau so sah und akzeptierte, wie er zu dem Zeitpunkt eben war. Das unterstützte sein Bemühen um eine realistische Haltung in der realen, von *ihm* gestalteten Welt. Es gibt eine Zeit, da können Phantasie und Idealisierung das Herz öffnen und einen magischen Zustand zwischen Vater und Kind schaffen. Es gibt aber auch eine Zeit, da stehen sie einer echten Beziehung im Weg.

Wenn wir jemanden verehren, wie stark auch immer, neigen wir dazu, uns dieser Person allmählich anzugleichen. Kleine Kinder betrachten die Erwachsenen um sie herum ganz spontan als Vorbild für ihr eigenes Verhalten. Mit neun Monaten imitierte mein Sohn Bewegungen und Geräusche, die seine Mutter und ich beim Spielen mit ihm machten. Er wird mich noch viele Jahre beobachten und versuchen, die Dinge so zu tun, wie ich sie tue. Der Gedanke ist irgendwie seltsam, dass sich aus diesem Baby von damals ein junger Mann entwickeln wird, der dazu neigt, in meinem Tonfall zu sprechen, mit meinem emotionalen Repertoire zu reagieren, den gleichen Gang zu haben und gleich zu denken wie ich.

Kinder nehmen von ihren Vätern und Müttern ständig Informationen auf, sie beobachten, hören und lernen dabei, wie man etwas macht. Durch diesen natürlichen Ablauf lernen alle Kinder. Wie wir alle wissen, wird so die riesige und komplexe kulturelle Tradition von Generation zu Generation weitergereicht. Die ersten sechs Jahre sind dabei die Schlüsseljahre – und sie sind die Zeit, in der wir von der Bindung zu den Erwachsenen in unserer unmittelbaren Umgebung am abhängigsten sind.

Früher – selbst noch vor einer oder zwei Generationen – konnte der Vater noch viel besser unmittelbares Vorbild sein als heute. Als noch die überwiegende Mehrheit der Väter Bauern waren und in der Nähe des Hauses arbeiteten, wo kleine Kinder in ihrer Nähe sein konnten, gab es viel mehr Möglichkeiten, den Vater bei der Arbeit zu beobachten, ihn zu imitieren und eine enge Beziehung zu ihm zu entwickeln. Heute verlässt der Vater in den meisten Familien das Haus am frühen Morgen und kommt erst spät zurück. Dazwischen liegen jeden Tag neun oder zehn, ja elf oder zwölf Stunden, in denen die Kinder keinen direkten Kontakt zu ihrem Vater haben. Eine recht traurige Situation, aber was können wir dagegen tun? Wir halten uns heutzutage für frei, doch vielleicht war der an sein armseliges Stück Land gefesselte Bauer bei weitem reicher und freier, zumindest in Bezug auf den emotionalen Kontakt und die echte Anteilnahme am Leben seiner Kinder. Immer mehr Frauen sind heute berufstätig, und so hat sich auch die Rolle der Mutter verändert. Viele Menschen sind sich des Niedergangs familiärer Beziehungen bewusst und kämpfen um eine gesellschaftliche Entwicklung, die in der Familie wieder intimere Erfahrungen ermöglicht. Die Auseinandersetzung mit unserer eigenen Kindheit und Vaterbeziehung kann eine erste Brücke über die immer breiter werdende Kluft zwischen den Generationen schlagen und die gewünschte Entwicklung fördern – Familie für Familie.

Ich hoffe, dass dieses Buch vielen Menschen über Jahre hinweg als Handbuch zum regelmäßigen Nachdenken über den Einfluss des Vaters auf ihre Persönlichkeit dient, damit ein tieferer, einfühlsamerer und herzlicherer Kontakt zu ihm möglich wird. Liebe erfordert dieses kontinuierliche Nachdenken über das, was in der Vergangenheit geschehen ist.

Nur so können wir das Gefühl der Verbundenheit mit den wichtigen Menschen in unserem Leben stärken.

Hinweis: Im Folgenden werde ich statt der gewohnten Sie- die Du-Form verwenden. Diese persönlichere Ansprache sollte es Ihnen zusätzlich erleichtern, sich über die Bedeutung des Vaters auf Ihr Leben bewusst zu werden. (Anmerkung für die deutsche Ausgabe.)

Der Erinnerung auf der Spur

Vor einigen Jahren arbeitete ich an einer ausführlichen Studie über Tiefenhypnose mit. Dabei wurde mir und meinen Kolleginnen und Kollegen klar, dass – außer bei einer schweren Schädigung des Gehirns – jeder Augenblick des Lebens, jedes Bild, das sich dem Menschen einprägt, ein Leben lang aufbewahrt wird. Selbstverständlich bleiben der allergrößte Teil dieser Bilder und die körperlichen Empfindungen vollkommen unbewusst. Mit Hilfe bestimmter Erinnerungstechniken in tiefen Hypnosezuständen können Eindrücke jedoch nach und nach an die Oberfläche gebracht und neu gelebt werden, so, als wäre es das erste Mal. Wir haben bislang keine wissenschaftlich gesicherte Erklärung für das Funktionieren unseres Gedächtnisses, Tatsache ist aber, dass es funktioniert.

Die meisten Menschen haben noch einige unzusammenhängende Erinnerungen aus der Zeit, als sie fünf oder vier Jahre alt waren. Erfahrungen aus dem Alter von drei Jahren sind jedoch schon schwer zugänglich, und für die meisten Menschen ist es offenbar unmöglich, sich an Ereignisse zu erinnern, die vor dem dritten Lebensjahr stattgefunden haben.

Die Wissenschaft geht davon aus, dass uns frühe Erinnerungen deshalb so schwer zugänglich sind, weil sie präverbaler Natur sind: Wir machen beim Sprechenlernen so fundamentale Veränderungen durch, dass wir große Schwierigkeiten haben, die frühen Erfahrungen unserem reiferen, verbal orientierten Geist zu übersetzen – obgleich diese Spuren in unserer »Gedächtnisdatenbank« sicher gespeichert sind. Erst im Alter von vier oder fünf Jahren fangen wir an, Erinnerungen in einem verbaleren, konzeptuellen Rahmen aufzubewahren. Und genau dieser neue Bezugsrahmen steht uns im Weg, wenn wir auf Eindrücke aus einer Zeit zurückgreifen wollen, als alle unsere Erfahrungen noch nonverbal waren. Wenn ich Erinnerungsblitze aus meinen ersten Lebensjahren habe, merke ich, dass ich in einen völlig anderen Geisteszustand wechsle, der mit Worten schwer zu beschreiben ist.

Um einen echten Zugang zu Erinnerungen zu bekommen, die mit deinem heutigen Alltagsleben keine Verbindung haben oder deinem Bewusstsein vollkommen verborgen sind, ist ein besonderer, veränderter Geisteszustand notwendig. Du kannst dich mit Hilfe einfacher Techniken in einen leichten Trancezustand versetzen, in welchem sich Erinnerungen besser abrufen und frühe Lebensthemen ohne Anstrengung erforschen lassen. Die Techniken und Anleitungen, die ich im Folgenden beschreibe, sind die Basis für die Auseinandersetzung mit dem Vaterbild, die in diesem Buch dargestellt wird, und sollten, egal, mit welchem Thema du dich beschäftigen willst, eine wertvolle Hilfe sein.

Vielleicht am wichtigsten hierbei: Für eine Reise in deine Erinnerung solltest du ein ganz bestimmtes Thema zu wählen – eine Vermutung oder eine gezielte Frage, die du an dein Unbewusstes richtest. Das Thema kann sehr konkret sein – etwa die Schuhe, die du getragen hast, als du 15 warst – oder ganz allgemein, beispielsweise alle Erinnerungen aus deinem sechsten Lebensjahr. Wenn du nicht gerade mit Entspannungstechniken experimentieren und sehen willst, was dein Unbewusstes heute auftauchen lässt, wirst du vielleicht deine innere Aufmerksamkeit auf ein Gebiet deiner Erinnerung lenken wollen, das dich besonders interessiert. Um dir zu helfen, dich auf bestimmte, manchmal vergessene Bereiche deiner früheren Erfahrungen mit deinem Vater zu konzentrieren, gebe ich meist recht genaue Anregungen. Du kannst diese Anregungen selbstverständlich je nach Bedarf an deine eigene Geschichte und deine eigenen Umstände anpassen.

Weiterhin ist wichtig, die verschiedenen Komponenten von Erinnerungen zu berücksichtigen. Eine Erinnerung besteht aus drei Grundelementen: den sensorischen Eindrücken des damaligen Zeitpunkts, den Gefühlen, die dein Körper damals registrierte, und den Gedanken, die dir dabei durch den Kopf gingen. Den meisten Menschen fallen visuelle Eindrücke zuerst ein, Geräusche, Gerüche und Körperempfindungen sind jedoch ebenfalls wesentliche Bestandteile der Erinnerung. Wenn du dich darauf vorbereitest, eine Erfahrung aus der Vergangenheit in ihrer ganzen Fülle wieder zu beleben, musst du dich ganz bewusst auf all die verschiedenen Eindrücke, Gedanken und Gefühle einstimmen. Sei aber nicht enttäuscht, wenn manche Aspekte der Erfahrung beim Durchleben des Augenblicks von damals nicht wieder auftauchen, besonders wenn es sich um eine recht frühe Kindheitserinnerung handelt.

Ein drittes Schlüsselelement erfolgreicher Erinnerungsarbeit besteht darin, sich in diesen besonderen Geisteszustand versetzen zu können. Jede Erinnerung ist im Grunde ein Ereignis des unmittelbaren Augenblicks; sie ist das Wiedererleben einer sensorischen, emotionalen und kognitiven Erfahrung einer früheren Zeit in der Gegenwart. Um dies in Gang zu bringen, ist es notwendig, die Aufmerksamkeit völlig auf die Wahrnehmung der Gegenwart zu konzentrieren – bevor du versuchst, dich auf eine Wahrnehmung aus der Vergangenheit einzustimmen, musst du das *Jetzt* umfassend wahrnehmen. Das ist eine Grundregel der Hypnose.

Bereite dich mit folgender Übung auf eine Reise in deine Erinnerung vor:

Nimm dir, um ganz in die Gegenwart zu kommen, zuerst ein wenig Zeit für eine bequeme, entspannte Haltung. Schließe die Augen und achte auf deinen Atem, auf die Luft, die durch die Nase ein- und ausströmt, auf das Heben und Senken deines Brustkorbs, wie er sich bei jedem Atemzug füllt und leert … Achte auf deinen Herzschlag oder Puls und auf das, was du innerlich im Augenblick fühlst … Gehe mit deiner Aufmerksamkeit ganz entspannt durch jeden Teil deines Körpers, bis du deinen ganzen Körper spürst … Lass diesen Prozess leicht und mühelos geschehen. Er soll deine Achtsamkeit bündeln und gleichzeitig erweitern und dich ins Hier und Jetzt bringen. Bleibe ganz in der Gegenwart, atme leicht und mühelos … Wenn du diesen entspannten Zustand erreichst, öffnest du dich deiner natürlichen Fähigkeit, vergangene Augenblicke in der Gegenwart wieder zu erleben …

Sei dir deines entspannten und friedlichen Geisteszustands und deines Körpers im Hier und Jetzt bewusst. Richte dann deine Aufmerksamkeit auf eine einfache Anregung oder Frage, die dich zu irgendeiner früheren Erfahrung hinführen wird … Du bleibst entspannt und auf deine körperliche Präsenz eingestimmt, wiederholst die einfache Anregung, sagst sie dir vor oder denkst sie dir … und lässt die Erinnerungen fließen …

Die Schlussphase der Gedächtniserforschung – nachdem du dir die Anregung vorgesagt hast – besteht in völliger Entspannung. Sie unterstützt den Erinnerungsfluss. Strenge dich nicht an. Erinnerung geschieht, sie kann nicht erzwungen werden – das ist eine weitere Grundregel. Du musst dich deinen Erinnerungen überlassen und darfst nicht versuchen, sie zu manipulieren:

Richte nun deinen Geist auf diese Anregung ... Du spürst deinen Atem, deinen ganzen Körper im Hier und Jetzt ... Was immer nun an Erinnerung aufsteigt, empfange sie, lasse deinen Körper und deinen Geist von ihr durchdringen; sieh, höre und fühle sie in diesem Augenblick ...

Du atmest nun ganz ruhig und kannst dieses entspannte Gefühl in dir wachsen lassen ... Du merkst, wie du ohne Anstrengung die Stadien dieses Prozesses durchläufst. Du stellst dir vor oder merkst, wie dir dieser Prozess ganz leicht fällt und wie Erinnerungen an deinen Vater aufsteigen, die dein Leben bereichern werden ...

Es ist nicht schwer, dem hier dargestellten Prozess zu folgen. Um leicht Zugang zu Erinnerungen zu bekommen, musst du aber die Schritte mehrmals durchlesen, bis du sie auswendig kennst, und sie dann bei jeder Anregung praktizieren. So bekommst du die besten Ergebnisse und kannst dabei äußerst wertvolle Einsichten erlangen. Lernen, wie man Zugang zur Vergangenheit findet, ist eins der wichtigsten Dinge im Leben.

Wenn du nach der Lektüre dieses Buchs das Bedürfnis nach weiterführender Hilfe bei der Erinnerungsarbeit hast, kannst du dich der geführten Sitzungen bedienen, die es auf Kassetten gibt. Sie führen dich in professioneller Weise durch verschiedene Anregungen und Fragen zurück in deine früheren Lebensalter. Es ist ferner wichtig zu wissen, dass dein Unbewusstes nur solche Erinnerungen zulässt, deren Wiederbelebung du verkraften kannst. Wenn du den gesamten Prozess zulässt und sich alte Blockaden langsam lösen, wird dir der Zugang zu deinen Erinnerungen leichter fallen.

Als Einstieg schlage ich einen sanften Weg zurück in deine Vergangenheit vor. Wann hast du deinen Vater zum letzten Mal gesehen? Erinnere dich an die jüngsten visuellen Eindrücke seines Gesichts, den Ausdruck seiner Augen, an seine Lippen. Lege das Buch zur Seite, nachdem du diesen Absatz gelesen hast …

Entspanne dich, atme, schließe die Augen und stimme deinen ganzen Körper auf die Gegenwart ein … Überdenke diese Anregung. Bleibe ganz locker und lass die Erinnerungen an dein letztes Zusammentreffen mit deinem Vater kommen, blick in seine Augen, höre seine Stimme, sieh sein Gesicht …

Was fällt dir leichter, das Gesicht deines Vaters zu sehen oder seine Stimme zu hören? Erinnerst du dich eher an visuelle Eindrücke oder an Dinge, die du gehört hast? Damit dir bei der Erinnerungsarbeit alle Dimensionen gleichmäßig zugänglich sind, solltest du den Bereich, der dir schwer fällt, trainieren.

Wenn du dich an eine Person erinnern möchtest, kommt dir anfangs meist ein altes Foto in den Sinn, das sich irgendwie vor die lebendige Erinnerung stellt und den direkten Zugang blockiert. Versuche nicht, dagegen anzukämpfen. Es ist ganz normal, dass das Gehirn auf eine Anregung hin den leichteren Weg einschlägt und sich lieber an ein fixiertes, starres Bild eines Gesichts erinnert als an ein reales, lebendiges.

Du brauchst dich nur zu entspannen und das innere Foto zu betrachten. Öffne dich gleichzeitig dem Anblick des Gesichts deines Vaters, wie es sich bewegt – zum Beispiel beim Reden. Das befreit dich vom einschränkenden Aspekt der Fotoerinnerungen und weckt tiefere Erinnerungen. Fotoerinnerungen sind trotzdem wichtige Hilfsbrücken zu echten, lebendigen Erinnerungen, benutze sie also in diesem Sinne.

Gehen wir nun zurück in eine frühere Zeit deiner Vaterbeziehung, als du schon die ersten eigenen Schritte in die Welt hinaus gemacht hattest und deine Eltern zu Hause besuchtest – wenn in dieser Zeit überhaupt Besuche stattfanden. Erinnere dich, wie es war, deinen Vater eine Zeit lang nicht gesehen zu haben, nach Hause zu kommen oder dich an einem anderen Ort mit ihm zu treffen und dich zu fragen, ob er sich seit der letzten Begegnung verändert hat …

Erinnere dich dann an den Moment des Zusammentreffens, wie dich seine Augen anblicken, beachte den Ausdruck seiner Lippen. Halte nun inne und entspanne dich, atme, schließe die Augen und lass die Erinnerungen aufsteigen …

Unser ganzes Leben hindurch läuft ein zweischneidiger Prozess ab, wenn wir das Gesicht unseres Vaters betrachten. Wir haben die aktuellen visuellen Eindrücke eines bestimmten Augenblicks, unser Gesamteindruck vom Gesicht unseres Vaters ist jedoch mindestens genauso von all den unzähligen früheren Anblicken beeinflusst. Wir erleben, wenn wir sein Gesicht im jeweiligen Augenblick betrachten, in der Tat eine Mischung dieser beiden Dimensionen des Sehens.

Als Erwachsene schauen wir vertraute Gesichter meist nicht sehr genau an. Wir sind mit unseren Gedanken beschäftigt, hören vielleicht auf das, was gesagt wird, oder denken an das, was wir erwidern werden, ohne uns besonders auf Details auf dem Gesicht zu konzentrieren, das wir schon so oft gesehen haben. Nach einer bestimmten Anzahl von Wiederholungen blendet das Gehirn neue Eindrücke des gleichen Bildes einfach aus; das ist ganz normal.

Wenn wir uns an das Gesicht unseres Vaters erinnern, läuft das gleiche Schema ab. Wir erinnern uns sowohl an den visuellen Eindruck, den wir in diesem bestimmten Moment von ihm hatten, als auch an die Überlagerungen aus früheren Erinnerungen, die wir schon damals auf sein Gesicht projizierten. Das bedeutet, dass jede Erinnerung, die du in dir wachrufst, ein Nachhall vieler, vieler ähnlicher Erinnerungsbilder ist. So funktioniert eben das Gedächtnis. Deshalb ist es unmöglich, sich ausschließlich an das aktuelle Bild des Augenblicks zu erinnern. Es verleiht jedoch jeder Erinnerung sowie jeder Erfahrung der unmittelbaren Gegenwart eine wunderbare Tiefe.

Ich möchte anhand eines Beispiels aus meinem Leben zeigen, wie stark der Sog früherer Erinnerungen sein kann. Ich war Bartträger. Mein ältester Sohn kannte mich überhaupt nicht ohne Bart. Als er zehn Jahre alt war, rasierte ich mir eines Tages aus einer Laune heraus den Bart vollständig ab. Einige Stunden danach kehrte mein Sohn von der Schule nach Hause zurück, kam in mein Arbeitszimmer, redete etwa fünf Minuten lang mit mir und sah mir dabei die ganze Zeit direkt ins Gesicht. Er realisierte aber zunächst nicht, dass es sich radikal verändert hatte. Er projizierte die ganze Zeit mein vorheriges, bärtiges Gesicht auf mein neues Gesicht. Wir hatten ein gutes Gespräch und waren auf Worte, nicht auf visuelle Eindrücke konzentriert.

Er ging hinaus zum Spielen, ich setzte mich hin und schüttelte verwundert den Kopf. Warum hatte er nichts bemerkt? Nach etwa drei Minuten kam er wieder hereingerannt, starrte mich entgeistert und entsetzt an und brach über die jähe Veränderung im Gesicht seines Vaters in Tränen aus – ich war nicht mehr sein Vater, ich hatte mein ganzes Bild gewaltsam verändert. Er war völlig aus dem Gleichgewicht. Wie konnte ich mich so verwandeln und so anders werden als der Vater, den er sein Leben lang gekannt und geliebt hatte!

Wenn du nun mit den visuellen Bildern deines Vaters immer weiter zurückgehst, achte darauf, ob es dir schwer oder leicht fällt, verschiedene und immer jugendlichere Bilder von deinem Vater zu sehen. Vielleicht taucht ein bestimmtes Bild oder eine Reihe von Bildern aus verschiedenen Perioden deiner Beziehung zu ihm immer wieder auf.

Denke daran, dass viele Bilder vom Gesicht deines Vaters in deinem Gedächtnis gespeichert sind. Schließe die Augen, entspanne dich, atme und bringe dich ganz in die Gegenwart. Fange mit dem Bild an, das am kürzesten zurückliegt, erlaube allen Bildern, ins Bewusstsein zu kommen, lass all die verschiedenen Bilder, die du vom Gesicht deines Vaters hast, aus dem Gedächtnis aufsteigen ... Atme und lass sie sich immer wieder verändern ... Gehe immer weiter zurück zu immer jüngeren Bildern von ihm, so weit zurück, wie es dir heute ohne Mühe möglich ist ...

Mach dir bitte bewusst, dass meine Suggestionen keine Einwegflaschen sind, die einmal benutzt und dann weggeworfen werden. Sie sind vielmehr die Grundlagen deiner Beziehung zu deinem Vater und sollten immer wieder wiederholt werden. Jedes Mal, wenn du innehältst und dich einem bestimmten Erinnerungsimpuls öffnest, wirst du feststellen, dass neue Erinnerungen – aber auch klarer differenzierte Abstufungen, tiefere Gefühle und Einblicke in schon bekannte Erinnerungen – in dir aufsteigen. Der Zauber liegt darin, dass die Entdeckungen dabei kein Ende nehmen. Bei jeder einzelnen Reise, die du in die Vergangenheit unternimmst, beeinflussen die Veränderungen, die du bereits erfahren hast, und die Gefühle des gegenwärtigen Augenblicks das, was dir in den Sinn kommt.

Wenn du zum Beispiel heute traurig bist, werden die in dir aufsteigenden visuellen Bilder stark von diesem Gefühl beeinflusst sein, und du siehst möglicherweise einen traurigen Ausdruck auf dem Gesicht deines Vaters. Es gibt keine Trennung aktueller Gefühle von den Erinnerungen, die in dir aufsteigen, während du ein bestimmtes Gefühl hast. Immer wenn du dich in die gleiche Richtung zurückerinnerst, werden deine momentanen Gefühle dein Gedächtnis beeinflussen und dir Erinnerungen bringen, die damit zusammenhängen und deshalb für dein jetziges Leben bedeutsam sind. Deshalb können Erinnerungen emotionales Wachstum anregen und Einsichten in die Gegenwart ermöglichen – deshalb kann dieses Buch insgesamt zu innerem Wachstum verhelfen. In deinem Gedächtnis sind Vergangenheit und Gegenwart in ständigem Austausch, innig und untrennbar miteinander und mit dem, was du bist, verbunden.

Es ist wichtig zu begreifen, dass es so etwas wie eine objektive Erinnerung, in der Vergangenheit und Gegenwart eindeutig trennbare, definierbare Einheiten sind, nicht gibt. Ein Ziel des Forschungsprogramms über Hypnose, bei dem ich mitgewirkt habe, war die Untersuchung genau dieser Frage: Können wir das Gedächtnis als objektives Instrument einsetzen, um damit völlig unpersönliche, objektive Bilder der Vergangenheit zu gewinnen? Nein. Geist und Wahrnehmung eines Menschen liefern kein »unpersönliches« Bild.

Indem wir jedoch die Überzeugung verlieren, dass unsere Erinnerungen fotografische Abbilder der Vergangenheit seien, gewinnen wir alles. Wir gewinnen das überaus wichtige Gefühl persönlicher Kontinuität, das Gefühl der Interaktion zwischen unserem früheren und unserem heutigen Leben – und das bildet und stärkt die Grundlage unserer Identität. So bleibt die Vergangenheit in der Gegenwart lebendig.

Es besteht aber nicht nur ein Austausch zwischen gegenwärtigen Gefühlen und Erinnerungen, sondern auch eine fortlaufende Interaktion aktueller Gedankengänge und Vorstellungen mit Erinnerungen. Was uns im Augenblick beschäftigt, selbst auf unbewusster Ebene, beeinflusst stark, welche Erinnerungsspuren in uns aufsteigen. Darüber gibt es keinen Zweifel. Das Gehirn neigt dazu, etwas aufzugreifen, das mit dem zusammenhängt, was dir bereits im Kopf herumgeht. Das ist zwar eine wichtige Verbindung zwischen Vergangenheit und Gegenwart, kann aber auch ein begrenzender Faktor sein.

Deshalb ist es so wichtig, zuerst zur Ruhe zu kommen, bevor du dich anschickst, in deine Vergangenheit zurückzublicken. Die Entspannungsübung, die ich bereits geschildert habe, soll genau dies bewirken: Konzentriere dich auf deinen Atem, auf deinen Herzschlag oder deinen Puls und gleichzeitig auf deinen ganzen Körper im Hier und Jetzt. Andere Dinge werden dann in deinem Bewusstsein keinen Platz mehr haben – das ist der ganze Trick. Bleibe wenigstens einige Atemzüge lang in diesem gegenwartsbezogenen meditativen Zustand, lass dann einen einfachen Gedanken zu – die Frage, die du ausgesucht hast, um deinen Geist in die Vergangenheit zu lenken. In diesem ruhigen Entspannungszustand kann dich das ausgewählte Thema schnell und gründlich über unwichtige Gedanken hinwegtragen und zu einer bedeutsamen Begegnung mit deinem Vater und einer gemeinsamen früheren Erfahrung führen.

Wenden wir das, was wir eben gesagt haben, gleich praktisch an.

Denke daran, dass du bis zum Alter von vier Jahren das Gesicht deines Vaters, sofern er bei dir gelebt hat, unzählige Male gesehen hast. Du trägst all die Bilder von ihm in dir, Bilder, die deinem bewussten Denken nicht zugänglich sind, weil du damals nicht viel gedacht hast. Das sind also ursprüngliche visuelle Bilder von ihm, Bilder, von denen ich dir empfehle, sie anzusehen und tiefer und tiefer zu erforschen.

Halte inne, atme, stimme dich auf die Gegenwart ein, schließe die Augen und richte deine Aufmerksamkeit ohne Anstrengung weit zurück in die Zeit, als du noch keine fünf Jahre alt warst und in das Gesicht deines Vaters blicktest …

Als eine Möglichkeit, tiefer in bestimmte, besonders bedeutungsvolle Teile deiner Erfahrung mit deinem Vater vorzudringen, oder in Bereiche, über die du mehr wissen möchtest, schlage ich vor, folgende Technik zu erlernen und täglich zu wiederholen:

Nimm dir jeden Tag etwa fünf Minuten Zeit zum Nachdenken, mindestens einige Wochen lang. Mach es dir bequem, entspanne dich und stimme dich auf deinen Atem ein, damit er freier und tiefer werden kann … Strecke dich ein wenig und gähne, um Spannungen im Hals, in der Brust und im ganzen Körper zu lösen.

Schlage nun das Buch auf und nimm dir eine Frage oder Anregung vor, die du eingehender betrachten möchtest. Lies sie einmal durch, schau dann von der Seite auf … Stimme dich auf deinen Atem ein und spüre nach, ob du die Frage gut aufgenommen hast. Beobachte, ohne irgendwelche bestimmte Gedanken zu forcieren, wie dein Geist anfängt, auf die Frage zu reagieren …

Schau nun wieder auf die Buchseite, lies die Frage noch einmal, sag sie dir zweimal vor, um den Inhalt tief in dich aufzunehmen … Schließe die Augen, atme, achte auf deinen ganzen Körper und stell dir vor, dass dein gesamter Körper über diese Frage nachdenkt. Lass dir, angeregt durch die Frage, die Erinnerungen uneingeschränkt in den Sinn kommen … Sei offen für die emotionalen Ströme, die durch deine Erinnerung angeregt werden … Atme in die Gefühle hinein, die in dir aufsteigen, wenn du bestimmte Kindheitserfahrungen mit deinem Vater wieder durchlebst … Lass intuitive Eindrücke zu, die ohne Anstrengung in dein Bewusstsein einfließen und dir neue Erkenntnisse über deinen Vater bringen, aber auch über deine eigenen Einstellungen und Gewohnheiten …

Du wirst von dieser täglichen Übung am meisten profitieren, wenn du deine Aufmerksamkeit mit Hilfe der Anregungen und Fragen auf Punkte in deinem Inneren konzentrierst, die reif sind, über alte Konditionierungen hinauszuwachsen. Wirf einen klaren Blick in die Vergangenheit und lass deine Kindheit mit deinem Vater wieder lebendig werden. Wichtig ist, dass du dich spontanen Einsichten öffnest, die sich von selbst einstellen, gleichzeitig jedoch die Aufmerksamkeit auf die Schlüsselfragen deines Lebens gerichtet hältst. Wenn du die Anregungen und Fragen in diesem Buch durchgehst und täglich damit arbeitest, wirst du eigene Gewohnheiten des Nachdenkens entwickeln, feststellen, was sich für dich am besten eignet, und die innere Arbeit vertiefen.

Der Körper deines Vaters

Sind die Bilder, die auftauchen, wenn du dich an deinen Vater erinnerst, zwei- oder dreidimensional? Siehst du diesen Mann als einfaches »Foto« oder als Mensch aus Fleisch und Blut, der er war, als du noch klein warst und er sein Kind in den Arm genommen hat, mit ihm herumtollte, ihm einen Ball zugeworfen oder einen sehr dreidimensionalen Klaps versetzt hat?

Als ich anfing, Erinnerungen an meinen Vater wieder zu beleben, konnte ich ihn mir zunächst nur zweidimensional vorstellen. Unter Anleitung eines sehr guten älteren Therapeuten führte ich wochenlang Übungen durch, wie ich sie auch hier in diesem Buch vorstelle. Er schlug vor, mich an eine bestimmte Szene mit meinem Vater zu erinnern. Dann sah ich die Szene wie einen Fernsehfilm ablaufen – ich war dabei ein völlig unbeteiligter Beobachter.

Vom therapeutischen Standpunkt aus gesehen ist so eine Erinnerungserfahrung offensichtlich ein Abwehrmanöver, um die Erinnerung unpersönlich und sachlich zu halten und ohne großen Einfluss auf die momentanen Gefühle. Mein Vater und ich hatten uns zu jener Zeit tatsächlich entfremdet. Er war Viehzüchter, während ich mich damals in einen in der Stadt lebenden Hippie verwandelt hatte. Wann immer wir ein paar traumatische Tage zu einem Familientreffen zusammen waren, flogen die Fetzen.

Im Laufe weiterer Erinnerungen an gemeinsame Aktivitäten mit meinem Vater – und insbesondere, als mein

Therapeut mich vorsichtig an die Erinnerung nicht bedrohlicher Szenen mit meinem Vater heranführte – fing ich irgendwann an, mich zu entspannen. Ich konnte plötzlich dreidimensionale Erinnerungen zulassen, sehr reale Bilder und frühere Szenen.

Als das geschah, brach ein Sturzbach leidenschaftlicher Gefühle aus mir heraus – ich weinte, tobte, schrie und schluchzte, während ich die unterdrückten Gefühle gegenüber meinem Vater hochkommen ließ, die sich in mir angestaut hatten, und zwar schon seit geraumer Zeit.

Ich hoffe, du kannst eine solche Öffnung deiner Gefühle für deinen Vater zulassen, wenn sich deine Emotionen durch die Erinnerung an diesen Mann freien Lauf schaffen wollen. Du solltest solche Gefühlsausbrüche nicht vorwegnehmen oder zu erzwingen versuchen, du brauchst dich vor ihnen aber auch nicht zu fürchten. Wichtig ist, im eigenen Tempo voranzuschreiten. Du solltest bei der Erforschung deiner Beziehung mit deinem Vater mit einem solchen Ereignis aber rechnen, damit du dich den Gefühlen überlassen kannst, wenn die Zeit dafür gekommen ist.

Du kannst das Buch natürlich auf einmal von vorne bis hinten durchlesen und dich mit den vorgebrachten Gedanken begnügen. Um deine eigenen Gefühle aber wirklich nutzen zu können, musst du es anders lesen, wenn nicht beim ersten, so doch beim zweiten Mal: Du solltest dir Zeit nehmen, mit jeder Anregung zu experimentieren, die etwas in dir anrührt.

Ich schlage nun vor, dass du dir etwas Zeit nimmst, um über den Körper deines Vaters nachzudenken: über seine Hände, seine Füße, seinen Bauch, seine Nase, seine Ohren, seine Beinmusku-

latur, seinen Penis, seine Ellbogen, sein Kinn, seine Knie, seine Zunge ... Während du die Augen schließt, versuche entspannt und ganz in der Gegenwart zu sein. Du kannst Bilder in ihrer dreidimensionalen, bewegten Lebendigkeit in dir aufsteigen lassen und feststellen, welche Teile seines Körpers du unbefangen betrachten kannst und welchen Eindruck sie auf dich machen ...

Als Kind erschien dir der Körper deines Vaters viel größer als später im Leben. Ich war eben im oberen Stockwerk, spielte mit meinem kleinen Jungen und dachte dabei über dieses Thema nach. Unwillkürlich betrachtete ich seine Hände und wie seine winzigen Finger einen meiner Finger festhielten. Für ihn ist meine Hand ein Riesending, enorm stark, bemerkenswert geschickt darin, magische Bewegungen auszuführen und erstaunliche Dinge zu bewerkstelligen. Meine Hände sind allumfassend, wenn sie sich nach ihm ausstrecken, ihn hochnehmen und halten.

Vielleicht kannst du nun etwas tiefer in deine Erinnerung an die Hände deines Vaters eindringen. Waren sie, von deinem Kleinkind-Standpunkt aus gesehen, breit oder schmal, stark oder schwach, rau oder weich, plump oder geschickt? ... Atme ein, entspanne dich und achte auf die Bilder von den Händen deines Vaters, die aus einer früheren Zeit deiner Beziehung mit ihm in dir aufsteigen ...

Vielleicht fielen dir am Körper deines Vaters zuerst seine Hände und seine Augen auf. Babys können tief in die Augen eines Erwachsenen schauen und den auf sie gerichteten Ausdruck mit bemerkenswerter Offenheit in sich aufnehmen. Wie war es wohl für dich als Baby, tief in die Augen deines Vaters zu blicken?

Fange zuerst mit einer erst kurz zurückliegenden Erinnerung an, wenn dein Vater noch lebt und ihr euch immer noch begegnet. Wenn nicht, gehe von der letzten Erinnerung an ihn aus.

Erinnerst du dich an deinen Vater, wie er dir regelmäßig und ehrlich in die Augen blickte, offen für die Gefühle in deinen Augen, oder erinnerst du dich, dass seine Augen deinem Blick auswichen, nicht bereit, zu entspannen und deine inneren Gefühle zu sehen, die sich in deinen Augen spiegelten? …

Was fühlst du, wenn du ihn ansiehst und den Ausdruck in seinen Augen wahrnimmst, als er dich ansah? Konntest du deine Gefühle ehrlich zeigen, oder war da eine Hemmung zwischen euch, vielleicht eine alte Gewohnheit, das Risiko des ehrlichen Augenkontakts möglichst zu vermeiden? Lege eine Pause ein, atme, schließe die Augen und lass die Erinnerungen kommen …

Durch das Fenster meines Arbeitszimmers kann ich meine Nachbarn zu ihrem Auto gehen und wegfahren sehen, was Vater und Sohn soeben getan haben. Vor ein paar Tagen haben meine Frau und ich das Vater-Sohn-Duo beobachtet, wie sie nebeneinander hergingen. Sie fragte mich, ob ich die auffallende Ähnlichkeit in Haltung und Gang der beiden Männer für überwiegend genetisch begründet hielte oder in erster Linie auf die Imitation des Vaters durch den Sohn zurückführte.

Das ist eine interessante Frage. Ich beantworte solche Fragen immer mit den Worten eines alten Zen-Lehrers, die mir immer noch im Ohr sind. Er sagte, dass alles zu 100 Prozent genetisch bedingt sei, weil alle Lebewesen das Ergebnis ihrer genetischen Programmierung seien. Es sei aber genauso richtig zu sagen, dass alles, was wir tun, zu 100

Prozent erlerntes Verhalten sei, weil wir von unseren ersten Lebenstagen an unsere ganz individuellen Wege entwickelt hätten, unsere genetischen Vorgaben in Handlung umzusetzen. Deshalb lebten wir in einem 200-prozentigen Universum, sagte er und lächelte dabei ein klein wenig.

Wie dem auch sei, Söhne – aber auch Töchter – haben oft ähnliche Körperhaltungen und Bewegungen wie ihre Väter. Manchmal haben sie natürlich mehr von ihrer Mutter als von ihrem Vater, was im Übrigen auf alle Fragestellungen dieses Buches zutrifft. Oft stellen wir fest, dass Töchter mehr ihre Mütter nachahmen und ihnen körperlich mehr gleichen als ihren Vätern, aber das ist durchaus nicht immer der Fall. Sehr oft sogar ähneln die Söhne ihren Müttern und die Töchter ihren Vätern, und manchmal haben Söhne und Töchter auch wenig Ähnlichkeit mit ihren beiden Eltern.

Halte nun ein wenig inne und denke über körperliche Ähnlichkeiten nach. Würdest du sagen, dass dein Körper mehr dem deines Vaters ähnelt oder mehr dem deiner Mutter? … Mach eine Pause, schließe die Augen und stell dir vor, wie du deinen Körper in den Körper deines Vaters hineinpasst, und dann in den deiner Mutter. Welcher Körper passt dir besser? …

Dein Vater war einmal genauso alt wie du jetzt. Schließe wieder die Augen und imaginiere dich in seinem Körper. Spürst du, wie er sich in seinem Körper fühlte, verglichen mit deinem Körpergefühl heute? Dieser Prozess kann dir zu einer neuen Art des Kontakts mit deinem Vater verhelfen: zu einem Mann mit ganz ähnlichen körperlichen Empfindungen, wie auch du sie hast …

Denke daran, wie dein Vater gelebt hat, als er in deinem Alter war … Hatte er eine ähnliche Arbeit wie du oder eine völlig andere? Wie waren seine Gewohnheiten in Bezug auf Bewegung und Sport? …

Stell dir seinen Alltag vor und achte auf das Tempo seiner Aktivitäten. Würdest du sagen, er ging mit dem gleichen Grundtempo durch den Tag wie du, oder habt ihr in dieser Beziehung recht unterschiedliche Temperamente? Redet er sehr schnell, macht er hastige Bewegungen, wird er leicht wütend? Oder ist er eher langsam, macht er immer wieder Pausen und nimmt er sich die Zeit, einen Sonnenuntergang, einen Vogel oder einen Baum zu betrachten und seine Bewegungen zu genießen? ...

Das Tempo, mit dem wir wahrnehmen und uns bewegen, bestimmt einen großen Teil unserer Persönlichkeit. Hast du viel von deinem Vater geerbt oder dich eng an ihm orientiert oder mehr an deiner Mutter – oder hast du ein ganz eigenes persönliches Tempo entwickelt?

Du hast vielleicht schon eine Antwort parat, nimm dir aber dennoch die Zeit, das Gefühl von schnellem oder langsamem Tempo zu spüren ... Lies diesen Abschnitt und atme dann ein, schließe die Augen, wenn du möchtest, und achte auf das Gefühl deines persönlichen Tempos, das dir angemessen ist und wie es sich in deinem Körper anfühlt: wie schnell du sprichst, dich bewegst, denkst, fühlst ... Erinnere dich dann an deinen Vater in deinem jetzigen Alter, stell dir vor, du bewegst dich in seinem Tempo ... Fühlt es sich anders an? Gleich? ...

Inwieweit hast du gelernt, die Dinge wie dein Vater zu sehen? Inwieweit habt ihr gleiche Erfahrungen gemacht? Ich erinnere mich, dass ich am Abend oft mit meinem Vater spazieren gegangen bin, wenn die ganze Tagesarbeit auf der Ranch bereits getan war. Wir gingen so dahin, und plötzlich blieb er stehen. Auch ich blieb stehen und blickte auf zu seinem Gesicht, um herauszufinden, wonach er sah. Dann lenkte ich den Blick in seine Richtung. Da war oft ein Falke hoch oben in einem Baum oder ein verirrtes Stück Vieh weit weg auf dem Kamm eines Hügels. Ich sah das, was mein Vater sah, und spürte dabei ein wunderbares Gefühl des Einsseins mit ihm. Manchmal blieb er stehen und lauschte auf ein fernes Geräusch, und wir lauschten zusammen. Ich erinnere mich auch, dass er innehielt, den Kopf seltsam schräg legte und schnupperte, und ich tat es ihm nach.

Erinnerst du dich an bestimmte Dinge, die du mit deinem Vater gemacht hast? Hattest du den Eindruck, bestimmte Erfahrungen mit ihm zu teilen und die gleichen Gefühle und Wahrnehmungen zu haben? ... Halte nun inne und erinnere dich an Dinge, die ihr zusammen gemacht habt ... Achte darauf, was dir in den Sinn kommt ...

Viele Kinder sehen ihren Vater nie oder nur selten nackt. Heutzutage ist man in der Regel zwar nicht mehr so prüde, doch vor nur einer Generation war das noch durchaus üblich. Ich hatte viele Klientinnen, die nie auch nur einen flüchtigen Blick auf den Penis ihres Vaters erhascht hatten.

Nackte Väter unterscheiden sich grundlegend von Vätern in ihrer üblichen Bekleidung, ihrem gewöhnlichen Aufzug von Hemden und Hosen, Socken und Schuhen und oft noch Hüten, Krawatten und Mänteln. Manchmal schockieren Väter ihre Kinder regelrecht, indem sie in Badehosen am Strand oder Swimmingpool erscheinen. Dann starren die Kinder, wie mein großer Sohn mich ohne den gewohnten Bart anstarrte, und sind sich nicht ganz sicher, ob diese komisch aussehenden Beine und diese Brust wirklich zu ihrem Vater gehören oder zu einem Fremden.

Welche Erinnerungen vom unbekleideten Körper deines Vaters trägst du in dir? War er ein Mann, dem es egal war, wenn du ihn nackt gesehen hast, oder schämte er sich seines Körpers vor seinen

eigenen Kindern? ... Atme in die Erinnerungen und Gefühle
hinein, die sich einstellen, während du an deinen Vater denkst ...

Manche Väter sind richtige Läufer, kommen schnell auf die Beine, springen auf und bewegen sich bei jeder sich bietenden Gelegenheit. Andere Väter sind hier eher zurückhaltend, haben nie gewagt, einen Tanzboden zu betreten, und sind schon vor deiner Geburt nicht über den »ersten Gang« hinausgekommen. Ihre Kinder werden manchmal genau wie sie, manchmal entwickeln sie sich aber auch völlig anders.

Kannst du dich an deinen Vater erinnern, wie er dasteht und du seinen Körper betrachtest? War er ein Mann, der sich nach hinten neigte, vielleicht ein Bäuchlein hatte, oder ein hagerer Kerl, der aufrecht dastand wie eine Kerze, oder eine Mischung davon? Wenn nun jemand deinen Körper anschaut, ist er wie der deines Vaters oder ganz anders?

Nimm dir nun etwas Zeit und wandere zurück in deiner
Erinnerung. Versuche, einen Blick auf die Statur deines Vaters zu
erhaschen, damit du siehst, welche Haltung er im Vergleich mit dir
hatte ... und spürst, wie er sich bewegte und ob er sich gern bewegte
oder nicht ...

Ob ein Vater seine Kinder viel berührt oder Hemmungen hat, sie zu berühren, wird bis zu einem gewissen Grad von gesellschaftlichen Konventionen bestimmt. Menschen aus Afrika, Mexiko, Italien und Griechenland, um nur einige zu nennen, sind traditionellerweise für körperliche Berührungen innerhalb der Familie sehr offen. Väter und Söhne, aber auch Väter und Töchter, können eine unmittelbare körperliche Nähe miteinander teilen, die fast nie irgendei-

40

nen sexuellen Hintergrund hat, sondern ein völlig natürlicher menschlicher Ausdruck familiärer Liebe ist.

Das Gegenteil ist oft in Großbritannien, Deutschland und besonders in protestantischen Ländern zu beobachten, in denen Berührungen unter Familienmitgliedern irgendwie missbilligt und sexuelle Untertöne vermutet werden, selbst wenn diese Berührungen überhaupt nicht so gemeint sind. Diese kulturell bedingten Hemmungen verursachen eine Kluft zwischen Kindern und insbesondere Vätern, und zwar sowohl bei Söhnen als auch bei Töchtern.

Solche kulturellen Gewohnheiten in Bezug auf Berührungen werden zwar heute langsam abgebaut, trotzdem sind immer noch viele von uns mit einem großen Mangel an Körperkontakt mit dem Vater aufgewachsen. Ich habe mit einer ganzen Reihe von Klientinnen und Klienten gearbeitet, die sich nicht erinnern, jemals von ihren Vätern berührt worden zu sein.

Wenn ich dir nun vorschlage, in die Vergangenheit zurückzugehen und Augenblicke der Intimität mit deinem Vater wieder zu beleben – als er zum Beispiel deine Hand hielt oder den Arm um deine Schulter legte –, sei nicht überrascht, wenn es dir schwer fällt, dich daran zu erinnern.

War dein Vater warmherzig und liebevoll und zeigte er dies auch körperlich? Erinnerst du dich an das Gefühl der Berührung seiner Hände auf deiner Haut, und wenn ja, war dir dieser intime Kontakt angenehm? … Nimm dir Zeit zum Entspannen und lass die Erinnerungen kommen …

Manche Väter hatten während unserer Kindheit die eine oder andere Krankheit, und wir haben möglicherweise ein Bild von ihnen aufgebaut, das sie schwach zeigt, kränklich, ja sogar vom Tod bedroht. Andere hatten Väter, die fast immer robust und gesund waren und den Eindruck vermittelten, eine starke Lebenskraft durchströme ihren Körper.

In dem Maß, wie wir uns mit den Vätern identifizierten, haben wir oft die gleichen Gesundheitsmuster übernommen oder darum gekämpft, uns von solchen Mustern zu befreien und die entgegengesetzte Richtung einzuschlagen. Ein chronisch kranker Vater beeinflusst unweigerlich seine Kinder. Manchmal kann auch die Herausforderung, einen überaktiven Vater zu haben, ein Kind in die Krankheit treiben. Es ist nicht immer möglich, das genaue Ergebnis vorherzusagen, doch diese Situationen prägen Kinder auf die eine oder andere Weise.

Woran erinnerst du dich hinsichtlich der Gesundheit und Krankheiten deines Vaters, und wie hat wohl dein eigener Körper auf seine übliche Verfassung reagiert? Hast du das Gefühl, deine Gesundheit oder häufige Krankheiten von ihm übernommen zu haben? Du wirst einen allgemeinen Eindruck seiner gesundheitlichen Situation haben und dich möglicherweise an bestimmte Dinge erinnern, an Zeiten, in denen er sich nicht wohl fühlte, oder an die Tatsache, dass er fast nie krank war ... Entspanne dich einfach und achte auf die Erinnerungen, die sich einstellen ...

Wenn dein Vater noch lebt, lebt er sehr wahrscheinlich noch mit dem Herzen, mit dem er geboren wurde. Ich möchte dich am Ende dieses Kapitels bitten, über das Herz deines Vaters nachzudenken, etwas, das sowohl eine körperliche als auch eine emotionale Bedeutung in deinem Kinderleben hatte.

Hattest du in deiner Kinder- und Jugendzeit den Eindruck, dass dein Vater aktiv und stark war und nie Probleme mit dem Herzen hatte? Oder hast du festgestellt, dass er zu Herzproblemen neigte, je älter er wurde? ... Hast du »sein« Herz von ihm geerbt, oder unterscheidet sich dein Herz von seinem? ...

Ich erinnere mich vage und lebhaft zugleich, dass ich, etwa ein Jahr alt, den Kopf auf die Brust meines Vaters legte, als er sich auf dem Rücken auf dem Fußboden des Wohnzimmers ausgestreckt hatte. Damals merkte ich wohl zum ersten Mal, dass da drinnen in meinem Vater etwas klopfte, immer wieder. Ja, ich konnte es sogar mit dem Ohr hören, mit der Haut fühlen und mit den Augen sehen. Wie seltsam!

Viele Menschen haben eine ähnliche Erfahrung gemacht – häufig mit dem Vater, weil bei der Mutter die Brüste »im Weg« sein können. Zusammen mit den Bewegungen des Brustkorbs beim Atmen ist der Herzschlag das, was kleine Kinder an körperlichen Vorgängen zuerst bemerken.

Im Laufe unserer intellektuellen Entwicklung verstehen wir mit der Zeit, dass unser Vater ein Herz hat; die körperliche Erfahrung seines Herzschlags kann jedoch schon früher gemacht werden.

Kannst du dich an eine Zeit erinnern, als du noch klein warst, den Kopf an der Brust deines Vaters hattest und dieses regelmäßige Schlagen gefühlt, gehört und irgendwie erkannt hast? ... Halte inne und achte auf deine Atem- und Herzbewegungen in deiner Brust ... Welche Erinnerungen tauchen auf? ... Lass sie dir in den Sinn kommen ...

Der Körper einer Person ist das Haus ihrer inneren Regungen. Gefühle sind nichts anderes als physiologische Ereignisse innerhalb des Körpers, biochemische Reaktionen auf innere Gedanken und Erfahrungen. Dein Vater hat, wie alle anderen Menschen auch, kontinuierlich konkrete körperliche Gefühle gespürt, die von inneren Regungen verursacht wurden. Diese Gefühle spannten seine Muskeln an, regten seine Drüsensekretion an, ließen ihn vielleicht schwitzen und verursachten ganz allgemein Veränderungen in seiner Körperenergie und in seinem Verhalten. Und das hast du auch bemerkt.

In Bezug auf den Körper deines Vaters war vielleicht am wichtigsten, in welcher Stimmungslage er sich meistens befand. War dein Vater zum Beispiel ärgerlich, wusstest du es sofort. Seine Gefühle weckten auch Reaktionen in deinem Körper, so dass es auf dieser überaus wichtigen Ebene eine starke Verbindung zwischen seinem und deinem Körper gab.

Manchmal hast du die Gefühle deines Vaters aufgenommen und dann das Gleiche gefühlt. Als mein ältester Sohn etwa drei, vier Jahre alt war, kam er zu mir, wenn ich traurig war, legte seinen Kopf auf meinen Schoß oder an meine Brust und fühlte sich offensichtlich ebenfalls traurig, obwohl er nicht genau wissen konnte, warum.

Zu anderen Zeiten rief ich Gefühle in ihm hervor, die sich von den meinen deutlich unterschieden. Das war besonders dann der Fall, wenn ich wütend war, und besonders, wenn sich meine Wut gegen ihn richtete. Er reagierte dann mit körperlich ausgedrückter Angst, wie die meisten kleinen Kinder, wenn ihr Vater wütend ist und deshalb gefährlich erscheint.

Manche Väter sind sehr häufig niedergeschlagen, und ihre Kinder neigen dazu, dieses Gefühl zu übernehmen. Es wird zu einem verinnerlichten körperlichen und emotionalen Zustand, der sich nicht direkt aus der eigenen Lebenserfahrung entwickelte, sondern wie eine Krankheit vom Vater aufgeschnappt wurde.

Selbstverständlich kann auch das Gegenteil zutreffen. Wir können einen Vater haben, der emotional hellwach ist, positiv eingestellt und gefühlvoll und diese Grundeinstellung auch seinen Kindern vermittelt.

Tatsache ist, dass wir die emotionale Aura unserer Eltern übernehmen und dein Vater dich auf diese Art geprägt hat. Ich zähle nun eine Reihe wichtiger menschlicher Gefühle auf, und du kannst überlegen, welche bei deinem Vater vorherrschten:

Glück
Wut
Liebe
Schmerz
Humor
Angst
Leidenschaft
Trauer
Hoffnungslosigkeit
Sicherheit, etwas zu können
Abneigung
Friede

Hatte dein Vater chronische emotionale Zustände, deren Opfer er zu sein schien, oder war es ihm möglich, je nach Situation die entsprechende Regung zu fühlen?

Um genauer zu erfahren, welche Gefühle du von deinem Vater übernommen hast, nimm die Liste dieser grundlegenden menschlichen Gefühle zur Hand und achte darauf, welche in dir vorherrschen ... Nimm mit jedem dieser Gefühle Verbindung auf und versuche herauszufinden, was sie mit deinem Vater zu tun haben ... Waren sie typisch für ihn? ... Hast du mit den gleichen Gefühlen auf ihn reagiert? ... Dies ist am Ende dieses Kapitels eine Anregung zum tiefen Nachdenken ... Nimm dir ruhig viel Zeit, diesen Aspekt deiner Vaterbeziehung zu betrachten ...

Dein Familienerbe

Immer wenn meine Frau und ich mit unserem Baby Verwandte besuchen, kommt unweigerlich die Diskussion auf, wem der neue Sprössling ähnlich sieht. Manche meiner Verwandten behaupten, er habe Augen wie sein Urgroßvater, andere meinen, er habe Augen wie seine Tante. Wenn wir jedoch Verwandte meiner Frau besuchen, sind sie alle sicher, dass seine Augen aus dieser Seite der Familie kommen.

Gene sind etwas Wunderbares. Wir alle haben in unserer genetischen Ausstattung einen riesigen Vorrat potenzieller Eigenschaften. Manchmal bleibt eine Eigenschaft über buchstäblich Hunderte von Generationen hinweg im Hintergrund, um dann plötzlich in neuer Form im aktuellen Familienerbe wieder aufzutauchen. Der Gedanke an die vielfältigen genetischen Verbindungen, die wir mit Menschen haben, die vor Hunderten, ja vor Tausenden von Jahren gelebt haben, ist beeindruckend.

Wenn du deinen Vater und seinen Einfluss auf dein heutiges Leben betrachtest, kannst du nicht nur diesen einen Mann anschauen. Du musst deinen Blick auch weit in die Vergangenheit richten, auf seine familiären Wurzeln, und an all die unzähligen Menschen denken, die an diesem Erbspiel beteiligt waren, das schließlich zur Geburt und zum Aufwachsen deines Vaters führte. Ein Schwindel erregender Gedanke!

Wenn du dich mit deinem Vater beschäftigst, siehst du genau genommen die Manifestation eines schier unendlichen Erbes, das in dem Augenblick, als dein Vater gezeugt wurde, eine spezifische Form annahm und dann, als dein Vater heranwuchs, ihre einmaligen Variationen entwickelte.

Manche Leute meinen, dass wir nur körperliche Merkmale erben, andere sind sich ganz sicher, dass es weit mehr ist. Einige führende Psychologen halten unsere wesentlichen Persönlichkeitsmerkmale für genetisch determiniert, und es gibt viele Wissenschaftler, die behaupten, dass wir Erinnerungsspuren unserer genetischen Ausstattung erben und so einen direkten Zugang zum Leben unserer Vorfahren haben. Ich habe mich unter Hypnose an Erfahrungen erinnert, die aus einem früheren Leben zu kommen scheinen. Diese Erinnerungen erkläre ich mir so: Sie stammen aus der genetischen Prägung und wurden von Generation zu Generation weitergereicht. Beim heutigen Stand der Wissenschaft kennt niemand genau die Grenzen des genetischen Erbes. Wir wissen jedoch, dass wir jedes Mal, wenn wir einen neuen, tieferen Einblick in unsere genetische Struktur gewinnen, in unseren Chromosomen ein völlig neues Universum entdecken.

Das genetische Roulette wurde angestoßen in der Nacht, als dein Vater und deine Mutter mit deiner Zeugung die Schaffung deiner genetischen Struktur auslösten. Die Summe beider Genstrukturen kam zusammen; der Augenblick der Schöpfung blitzte in der sexuellen Vereinigung auf – und du kamst ins Leben, ein einmaliges Wesen, eine ureigene Zusammensetzung genetischer Merkmale, ererbt von der riesigen Menge angesammelter Möglichkeiten deiner familiären Herkunft.

Hast du das Gefühl, mit deinen Vorfahren in Verbindung zu treten, wenn du deine familiären Wurzeln betrachtest? Sind sie nichts weiter als verlorene Erinnerungsspuren, zu denen jeder Kontakt abgebrochen ist? Oder hast du tatsächlich so etwas wie eine primäre genetische Erinnerung an deine gesamten familiären Vorfahren? ... Halte inne, schließe die Augen, atme und achte auf das, was nun geschieht ...

Neben dem genetischen Erbe bekommen wir von unseren Eltern auch emotionale Eigenschaften mit auf den Weg. Kinder wachsen in der emotionalen Atmosphäre einer Familie auf und übernehmen weitgehend die entsprechenden Gewohnheiten ihrer Eltern. Es ist wichtig, sich bewusst zu machen, dass die meisten emotionalen Eigenschaften deiner Eltern nicht einfach so von ihnen erfunden wurden, sondern dass sie diese wiederum von ihren eigenen Vätern und Müttern übernommen haben – und so weiter, bis in die ferne Vergangenheit ihrer Vorfahren. Emotionale Zustände wie chronische Depression oder regelmäßig auftretende Angstattacken, aber auch die Tendenz zu glücklichen Zeiten und regelmäßigen Augenblicken relativen Friedens werden von einem Kind übernommen. Und solche Muster reichen über viele Generationen zurück.

Ich will damit übrigens nicht sagen, dass wir dazu verurteilt sind, negative emotionale Muster zu erben und an unsere Kinder weiterzugeben. Tatsächlich ist es so, dass Menschen innerhalb einer Generation negative emotionale Muster aufgeben können. Wir müssen uns jedoch darüber im Klaren sein, dass wir für verschiedene emotionale Eigenschaften familiär prädisponiert sind und negative Gewohnheiten, derer wir uns nicht bewusst sind, wahrscheinlich an unsere Kinder weiterreichen.

Wir haben die emotionalen Eigenschaften betrachtet, die du von deinem Vater übernommen hast. Welche von seinen Eltern übernommenen Eigenschaften hat dein Vater an dich weitergeben? Welche gibst du an deine Kinder weiter, so du welche hast? ...

Kannst du dich an deine Großeltern erinnern? Sah dein Vater deiner Großmutter ähnlich oder mehr deinem Großvater? ... Lass dir nun Zeit, halte inne, atme und lass die Erinnerungen an die Eltern deines Vaters in dir aufsteigen – wenn du sie gekannt hast. Wer waren diese Leute, und inwieweit spiegeln dein Körper und deine Befindlichkeit das, was du von ihnen geerbt hast? ...

Im letzten Kapitel hast du zur Belebung von Erinnerungen an die emotionalen Muster deines Vaters über eine Liste von Gefühlen nachgedacht. Nimm dir diese Liste nun noch einmal vor. Denke diesmal an das, was du über den Vater deines Vaters erinnerst oder was man dir über ihn erzählt hat, und überlege, welche Gefühle bei ihm vorherrschten. Mach das Gleiche mit der Großmutter väterlicherseits:

Glück
Wut
Liebe
Schmerz
Humor
Angst
Leidenschaft
Trauer
Hoffnungslosigkeit
Sicherheit, etwas zu können
Abneigung
Friede

Wenn all diese Gefühle in einem harmonischen und ausgeglichenen Verhältnis zueinander stehen, ist der Mensch imstande, auf alle verschiedenen Erfahrungen des Lebens mit der angemessenen emotionalen Antwort zu reagieren. Zu Problemen kommt es, wenn in einer Familie ein oder mehrere Gefühle regelmäßig unterdrückt oder bestraft, andere jedoch breit ausgelebt werden und allzu sehr im Vordergrund stehen.

Es ist eigenartig – zumindest vom Standpunkt eines Therapeuten aus –, dass wir über die emotionalen Muster und Eigenschaften unserer Vorfahren wenig wissen, also wenig über das, was über eine ganz allgemeine Kenntnis von Verhalten in früherer Zeit hinausgeht. Wir wissen im Grunde nicht, wer unsere Ururgroßeltern waren, und deren Eltern sind uns unendlich weit entfernt. Durch die Erfindung von Film und Video wird sich diese Situation verändern, denn wenn diese Aufnahmen Hunderte von Jahren aufbewahrt werden, können Psychologen auf die emotionalen Muster vieler Generationen zurückblicken und diese Muster tatsächlich *sehen*. Doch bis jetzt haben wir zum Vergleich der emotionalen Ausstattung der Generationen nur unser Gedächtnis – und manchmal spärliche Briefe oder Tagebucheintragungen. In dieser Hinsicht ist über unser familiäres Erbe wenig in Erfahrung zu bringen.

Oft können wir jedoch bis zu vier Generationen beobachten – das Kind, seine Eltern, Großeltern und Urgroßeltern – und sehen dabei ganz klar, dass manche emotionale Eigenschaften über Generationen hinweg weitergegeben und manche in neue Gewohnheiten verwandelt werden. Manchmal verheilen emotionale Verletzungen und schlimme alte Wunden und familiäre Verstrickungen lösen sich auf. Manchmal tritt auch das Gegenteil ein und eine schreckliche, lang anhaltende Familientragödie verursacht eine emotionale Verstrickung, die an die nächste Generation weitergereicht wird.

Denk an die Familie, in der du aufgewachsen bist, achte auf die emotionalen Muster und Gewohnheiten, die es dort gab, und welche Gefühle sie in dir auslösen. Hast du eine Entscheidung darüber getroffen, welche Gefühle du übernehmen und welche du hinter dir lassen möchtest? ... Leg das Buch nun zur Seite, atme in deine Gefühle hinein und gestatte deiner Intuition, an die Oberfläche deines Bewusstseins zu bringen, was immer auftauchen möchte ...

Auf die eine oder andere Art werden, zusammen mit dem körperlichen und emotionalen Erbe, auch familienspezifische Haltungen und Denkweisen an uns weitergereicht. In vielen Fällen unterstützen diese kognitiven Aspekte die chronischen Befindlichkeiten, von denen wir eben gesprochen haben. Es ist also unabdingbar, dass wir auch unsere Denkgewohnheiten auf ihre Ursprünge hin überprüfen.

Innere Haltungen sind etwas recht Bemerkenswertes. Obwohl wir sie nicht eindeutig definieren und konkretisieren können, wissen wir durch die Gedanken, die uns durch den Kopf gehen, die Worte, die wir sprechen oder schreiben, und das Verhalten, das sie uns vorgeben, dass es sie gibt.

Wir lernen unsere Haltungen von unseren Eltern, die sie wiederum von ihren Eltern übernommen haben, und so weiter, bis zum Beginn unserer Familientradition. Als Kinder lernen wir unseren Verstand zu benutzen, indem wir unseren Eltern zuhören und so sprechen lernen, wie sie sprechen.

Ferner lernen wir, bestimmte Gefühle mit bestimmten Gedanken und Einschätzungen zu verbinden, die bei unseren Eltern vorherrschen. Haben zum Beispiel unsere Eltern vor einer bestimmten Sache oder einer bestimmten Gruppe von Menschen Angst, werden wir diese Angst übernehmen. Hegen sie Vorurteile gegenüber bestimmten Dingen oder Menschen, werden wir beim Heranwachsen ihre Vorurteile ganz selbstverständlich und automatisch übernehmen.

Faschismus beginnt zu Hause, das lässt sich mit Sicherheit sagen. Aber das gilt auch für Mitgefühl und Toleranz. Unsere Herkunftsfamilie beeinflusst all unsere Werturteile und Einschätzungen, die positiven und die negativen, auf überaus starke Weise. Das ist das innerste Wesen des emotionalen und kognitiven Erbes.

Die Schattenseite dieser Neigung des Menschen, Haltungen und emotionale Reaktionen der Eltern zu übernehmen, besteht darin, dass wir uns dieses Prozesses meist nicht bewusst sind. Um es ganz deutlich zu sagen: Wir können auf vielen Ebenen unseres Urteilsvermögens durchs Leben gehen wie programmierte Ratten. Ich kenne intelligente, weltoffene Leute, die Vorurteile der übelsten Sorte mit sich herumtragen. Sie fühlten diese Vorurteile aber erst, wenn bestimmte emotionale Knöpfe gedrückt wurden. Wegen der unbewussten Haltungen, die wir als ererbte Vorurteile, Befürchtungen und Feindseligkeiten in uns tragen, sind wir alle in gewisser Hinsicht gefährlich.

Denke nun ein wenig an deinen Vater. Reagierte er ablehnend auf bestimmte Religionen, Menschen bestimmter Rassen oder gesellschaftlicher Schichten? ... Gegen wen hegte er Vorurteile? Welche Haltungen hast du von deinem Vater übernommen, die er wiederum von seinen Eltern mitbekam? ... Nimm dir Zeit, sie zu identifizieren, und frage dich, ob du dich damit näher befassen musst, um dich von alten vorurteilsbeladenen Reaktionen zu befreien ...

Mache nun eine ehrliche Bestandsaufnahme: Welche durch Vorurteile beeinflussten Einstellungen hast du von deinem Vater übernommen? Hast du unangemessene Vorurteile, die an dich weitergereicht wurden, abgelegt, oder führst du eine Familientradition fort, die deinem persönlichen Sinn für Gerechtigkeit widerspricht? ...

Selbstverständlich hast du auch positive Eigenschaften, Haltungen, Vorlieben und Neigungen geerbt – obwohl diese vielleicht schwer zu erkennen sind, wenn die Beziehung zu deinem Vater schwierig war. Oft sind Großeltern leichter einzuschätzen als Eltern. Schau auf deine Großeltern zurück und überlege, welche Qualitäten in Bezug auf die allgemeine Lebenseinstellung du an ihnen am meisten schätzt. Obwohl sich dein Leben von dem ihren zweifellos deutlich unterscheidet, wirst du feststellen, dass es doch eine gewisse Kontinuität in den Haltungen und Ansichten gibt.

Deine Großeltern sind mehr als die Quelle deiner Erbanlagen. Rufe sie dir regelmäßig als ganze Persönlichkeiten in Erinnerung, wenn du sie nur als ältere Menschen gekannt hast. So wie du den Geist deines Vaters in dir lebendig hältst, indem du dich an ihn erinnerst, bleibt auch der Geist deiner Großeltern lebendig, wenn sie dir hier und heute in den Sinn kommen.

Es ist ein eigenartiger Gedanke – und wir werden noch öfter auf ihn zurückkommen –, dass wir in der Tat den Geist unserer Vorfahren lebendig halten, wenn wir uns ganz bewusst an sie erinnern. Ich spüre das in meinem eigenen Leben ganz deutlich. Wenn ich mich an ihre Gegenwart erinnere, fühle ich ihre Präsenz, sie beeinflussen meine Gefühle und Gedanken, obwohl sie auf diesem Planeten körperlich nicht mehr vorhanden sind. Indem ich mich heute an sie erinnere, halte ich ihr familiäres Erbe intensiv in mir lebendig.

Der Kernpunkt ist folgender (und gleicht dem, was wir auch mit deinem Vater tun): Indem du deine Gefühle über die Vorfahren klärst, die du persönlich gekannt hast, kannst du dich von den Eigenschaften distanzieren, die du nicht weitertragen möchtest. Gleichzeitig öffnest du das Herz für Eigenschaften, die du in dir und deinen Kindern lebendig halten möchtest.

Vererbung ist ein fortlaufender Prozess, an dem wir alle lebenslang beteiligt sind. Wichtig erscheint mir, dass wir ganz bewusst Verantwortung übernehmen für unsere Ge-danken, Gefühle, Erinnerungen und Handlungen, damit wir die positiven Dimensionen unseres Erbes weitergeben und die negativeren hinter uns lassen können. Das ist, auf einen schlichten Nenner gebracht, die größte Hoffnung für eine positive Entwicklung der Menschheit.

Wenn du deinen Alltag betrachtest, siehst du die Welt um dich herum immer durch visuelle Filter, die du von deinen Vorfahren übernommen hast. Du kannst diesem unbewussten Erbe zwar nicht entkommen, es aber zu dei-nem Vorteil verändern.

Als eine Möglichkeit, dein Bewusstsein zu erweitern, schlage ich vor, in den nächsten Tagen und Wochen ver-mehrt darauf zu achten, wie du normalerweise auf deine Umwelt reagierst. Unser Kopf ist die meiste Zeit damit beschäftigt, alles und jedes zu beurteilen und Einstellungen zu projizieren, die wir als Kind erlernt haben. Der Trick besteht darin, das Gehirn bei der Arbeit zu erwischen – und so einen direkten Einblick in unser familiäres Erbe zu bekommen.

Das nimmt natürlich Zeit in Anspruch. Es ist in der Tat eine lebenslange Aufgabe, sich mehr und mehr der eigenen mentalen Prägung bewusst zu werden, damit wir uns zu Menschen entwickeln, deren innere Einstellungen freier und der jeweiligen Situation angemessener sind. Einige der alten Haltungen mögen auch in der heutigen Zeit noch stimmig sein. Andere hingegen schaden unserem Leben und sind gegenüber den Menschen in unserem Umfeld einfach ungerecht. Jeder und jede Einzelne von uns hat die persönliche und urmenschliche Aufgabe, die eigenen geistigen und emotionalen Reaktionen zu beobachten und reflexartige Gewohnheiten, die den Anforderungen der heutigen Zeit zuwiderlaufen, abzulegen.

Der erste Schritt besteht darin, sich der Gewohnheiten, die wir von unseren Eltern und Großeltern, Urgroßeltern und Ururgroßeltern geerbt haben, deutlicher bewusst zu werden. Wenn wir dann unsere verschiedenen Einstellungen und Gewohnheiten kennen, haben wir die beste Voraussetzung, Familientraditionen, die nicht mehr angemessen sind, Schritt für Schritt abzulegen und dagegen solche zu fördern, die der Zukunft unserer Gemeinschaft zuträglich sind. Dieses Buch hat letztlich kein anderes Ziel, als genau dafür die praktischen Werkzeuge zu liefern.

Betrachten wir nun deine Großeltern väterlicherseits – oder andere Verwandte, an die du dich erinnerst, wenn du deine Großeltern nicht gekannt hast. Wer waren diese Menschen, die deinen Vater geschaffen, erzogen und beeinflusst haben und ihn zu dem machten, was er war? ... Lege das Buch zur Seite, stimme dich auf deinen Atem ein, halte die Augen geschlossen und öffne dich einer tiefen Begegnung mit ihnen ...

Die Frauen
im Leben deines Vaters

Ein Mann und eine Frau lernen sich kennen und verlieben sich. Eine ganz normale Geschichte, die jeden Tag überall auf der Welt passiert. Der Mensch ist zuallererst ein sexuelles Wesen, wenngleich unsere Kulturen das manchmal ignorieren möchten und diese Urdimension des alltäglichen Lebens zu verdrängen suchen.

Dein Vater war offensichtlich sexuell aktiv, sonst gäbe es dich nicht. Stand er seinen sexuellen Wünschen und Aktivitäten offen gegenüber, während du aufwuchst, oder hatte seine Sexualität eine zurückhaltende, schuldbeladene oder gar neurotische Ausrichtung?

Die allererste Frau im Leben deines Vaters war natürlich seine Mutter. Wenn wir also Einblick in die sexuellen Haltungen, Gewohnheiten, Hemmungen und Erfüllungen deines Vaters gewinnen wollen, sollten wir uns zuerst mit ihr befassen.

Was weißt du über die Beziehung zwischen deinem Vater und seiner Mutter? Würdest du grundsätzlich sagen, dass er seine Mutter mochte und gern mit ihr zusammen war, oder hat er seine Mutter unterschwellig zurückgewiesen, so dass sie sich mit der Zeit immer mehr entfremdeten? … Halte inne und achte auf das, was dir in den Sinn kommt …

War deine Großmutter eine Frau, die ihrer Sexualität gegenüber offen war, oder blieb diese Seite ihrer Persönlichkeit verborgen, begraben unter den gesellschaftlichen Normen und Verhaltensregeln

für Frauen, wie sie besonders für ältere Frauen ihrer Zeit galten?
… War sie den Freuden des Lebens gegenüber positiv eingestellt?
Vermied sie diese eher oder genoss sie sie nur in kleinen Dosen? …
Hatte sie Freude an ihrem Körper, oder hielt sie lieber Abstand von
den sinnlichen Freuden des Lebens? …

Mit Sicherheit stammen viele sexuelle Einstellungen und Gewohnheiten deines Vaters von diesen frühen Erfahrungen mit seiner Mutter. Eine sexuell gehemmte Mutter, die vor ihren eigenen sexuellen Gefühlen Angst hat, tut sich bei der Erziehung eines Sohnes, der vom ersten Schrei an ein sexuelles Wesen ist, sehr schwer. In den vergangenen Monaten habe ich viel über diese Seite frühkindlicher Erziehung nachgedacht und dabei beobachtet, wie sich die natürliche Beziehung zwischen meiner Frau und unserem kleinen Sohn entwickelte. Es gibt so viele Möglichkeiten, wie subtile Hemmungen einer Mutter die Entwicklung eines Kindes schwer beeinträchtigen können, lange bevor Worte ausgesprochen und verstanden werden. Es ist in vieler Hinsicht ein Glück, dass wir jetzt in einer Zeit relativer sexueller Offenheit leben, in der neue Mütter ihren Kindern von Anfang an ein natürliches Gefühl für ihre sexuellen Rechte vermitteln können.

Stell dir nun vor, wie die Beziehung deiner Großmutter zu deinem Vater diesbezüglich war. Nach allem, was du von deinem Vater weißt: Hast du das Gefühl, dass sie seiner erwachenden Sexualität positiv gegenüberstand und deren Ausdruck akzeptierte, oder meinst du, dass ihr seine kindlichen Erektionen und all seine erotischen Gefühle eher peinlich waren? … Wie prägten ihre Offenheit oder ihre Hemmungen die sexuellen Gefühle und das sexuelle Verhalten deines Vaters? …

Dein Vater ist im sexuellen Umfeld der Liebe deiner Großeltern aufgewachsen, genau wie du – wenn deine Eltern zusammengelebt haben – im sexuellen Umfeld der Liebe deiner Eltern aufgewachsen bist. Kannst du dir vorstellen, dass deine Großeltern in Anwesenheit deines Vaters als kleines Kind liebevoll miteinander umgegangen sind? Meinst du zum Beispiel, dass er oft gesehen hat, wie sie sich küssten? Und meinst du, dass sie ihr Begehren verbargen, wenn sie den Wunsch nach Geschlechtsverkehr hatten, und deinen Vater so klar davon ausschlossen, dass ihm diese geheimnisvolle Seite ihrer Beziehung ein seltsames Gefühl der Isolation vermitteln musste? Oder glaubst du, dass sie in Bezug auf ihr Sexualleben etwas offener waren?

Wohl wissend, dass deine Großeltern in einer anderen Zeit lebten, als Sexualität viel mehr unterdrückt wurde – insbesondere vor Kindern –, gestatte dir die Vorstellung, wie deine Großeltern vor den kindlichen Augen deines Vaters verliebt miteinander umgingen ... Stell dir vor, was dieser kleine Junge fühlte und was er von dem, was er sah und hörte, verstand ... Welche Erkenntnisse über die sexuelle Prägung deines Vaters als Kind kommen dir in den Sinn? ...

Wie auch immer, dein Vater wuchs heran, durchlief die Pubertät und wurde zu einem reifen sexuellen Wesen. Er übernahm von seinen Eltern eine primäre Konditionierung, ging dann in die Welt hinaus und erkämpfte sich seine eigene sexuelle Identität und Befriedigung als junger Erwachsener.

Betrachten wir nun deinen Vater, bevor er deine Mutter kennen lernte. Was weißt du über seine Liebesgeschichten als junger Mann? War er ein gut aussehender Draufgänger, dem die Mädchen nur so nachliefen? Oder war er schüchtern, sah er eher unscheinbar aus und hatte er ernsthafte Schwierigkeiten, mit Mädchen Kontakt aufzunehmen?

Mein Großvater heiratete seine Jugendliebe von der Schulbank weg, als er 17, sie 16 Jahre alt war. Sie zogen auf eine Ranch, etwa 20 Meilen von ihrer Heimatstadt entfernt, und ließen sich dort auf Dauer nieder. Sie widmeten sich ganz der Familie und waren ein Leben lang gerne beisammen. Mein Großvater erzählte mir, dass er niemals im Leben ein anderes Mädchen auch nur geküsst habe. Früher waren sexuelle Affären und häufige Liebschaften nicht so verbreitet wie heute. Religiös-moralische Vorgaben und gesellschaftliche Einschränkungen begrenzten die Möglichkeiten der Menschen, auf diesem Gebiet Erfahrungen zu sammeln. Dieser restriktive sexuelle Verhaltenskodex hatte gute und weniger gute Seiten.

Als dein Vater heranwuchs, haben sich diese Vorgaben möglicherweise schon gelockert. Dein Vater fand sich dann plötzlich in einer Welt wieder, die ihn zu Erfahrungen drängte, die seine Mutter noch zum Erröten gebracht oder die sie als glatte Sünde betrachtet hätte.

Tritt nun in die Fußstapfen deines Vaters, wie er als junger Mann in die Welt hinausgeht, wie ihn der Hafer sticht, wie er sich nach einer Liebschaft sehnt, wie er vielleicht aber auch ein wenig ängstlich ist und Schuldgefühle hegt, wenn er bestimmte Dinge tut, von denen er gelernt hat, dass man sie nicht tun soll. Stell dir Bilder vor, wie er mit Mädchen umgeht oder mit jemandem des eigenen Geschlechts, wenn du glaubst, er habe diesem den Vorzug gegeben. Bekommst du ein Gefühl für die romantischen Abenteuer, die er hatte, bevor er deine Mutter kennen lernte?

*Irgendwann tauchte dann natürlich deine Mutter auf und mit ihr
die romantische Liebe oder ein immer heißer werdendes sexuelles
Interesse zwischen den beiden ... Kannst du dir vorstellen, wie deine
Eltern sich umwerben, wie sie sich umarmen, küssen und sich der
letzten Grenze nähern, die dich ins Leben gebracht hat? ... Mach
nun eine Pause vom Lesen und lass deine Vorstellung mit der
Liebesgeschichte spielen, die schließlich zu deiner Zeugung führte.
Achte darauf, ob du die volle sexuelle Natur deines Vaters akzeptieren und du dir vorstellen kannst, wie er hinter deiner Mutter her
war und sie dann tatsächlich auch bekam.*

Und dann waren es drei. Oder mehr.

Es ist äußerst wichtig, beim Gedanken an deine sexuellen
Ursprünge und die umfassende sexuelle Natur deines Vaters
dich selbst zu beobachten. Es fällt Kindern oft extrem
schwer, sich ihre Eltern beim Liebesakt vorzustellen. Du
kannst aber nur dann deinen Vater von dem kindlichen Bild,
das du von ihm hattest, befreien und ihn seine volle sexuelle
Gestalt annehmen lassen. Und nur wenn du deinen Vater
von dem asexuellen Eindruck deiner Kindheit befreit hast,
bist du imstande, dein eigenes sexuelles Potenzial zu fühlen.
Das ist eine der grundlegenden therapeutischen Tatsachen,
die ich im Laufe vieler Jahre immer wieder beobachtet habe.

Nach Freud betrachtet ein kleiner Junge die Mutter
anfangs als sein Eigentum. Wenn sich der Vater seiner
Beziehung mit der Mutter nicht sicher ist, führt das dazu,
dass Vater und Sohn miteinander konkurrieren. Freud
nannte diese Konkurrenz zwischen Vater und Sohn den
Ödipuskomplex.

Es sei darauf hingewiesen, dass nicht alle Väter und Söhne
diesen Konflikt durchlaufen. Freud hat hier zu sehr verall-
gemeinert, zumal dieser Konflikt in der Wiener Gesellschaft

um die letzte Jahrhundertwende tatsächlich weit verbreitet zu sein schien. Man kann jedoch annehmen, dass die damaligen sexuellen Hemmungen die familiären Beziehungen nachhaltig beeinflussten. Ich kenne zum Glück viele Familien, in denen die sexuellen Beziehungen der Eltern kein Geheimnis sind und in denen das Verhältnis zwischen Vater und Sohn das Gefühl umfassender Intimität vermittelt, was somit den Ödipuskonflikt weitgehend entkräftet, von dem Freud annahm, er betreffe alle.

Wenn Vater und Sohn das Gefühl einer tiefen und liebevollen Intimität haben und sich das Kind aus der sexuellen Verbundenheit zwischen Vater und Mutter nicht ausgesperrt fühlt, kommt keine Konkurrenz auf. Solange Eltern ihre sexuellen Gefühle füreinander nicht verbergen und auch dem Kind gestatten, an diesem schönsten aller Gefühle Anteil zu nehmen, entwickeln sich kaum ödipale Situationen. Wenn ich von sexuellen Kontakten spreche, meine ich jedoch nicht nur den Geschlechtsverkehr an sich, sondern auch und vor allem die »normalen« Zärtlichkeiten, die die Eltern austauschen und von denen sie ihre Kinder nicht ausschließen sollten.

Wenn ein Baby mit sexuell ungezwungenen Eltern zusammen ist, ist die Umgebung erfüllt mit sexueller Energie. Wie schade, dass unsere Gesellschaft diesen natürlichen Austausch von Liebe zwischen Eltern und Kindern so gehemmt hat! Wenn dieses Urgefühl der Teilhabe an der kreativen Energie sinnlicher Liebe abgeblockt wird, können in einer Familie mancherlei Probleme und Konflikte entstehen. Das trifft auf Vater und Sohn zu, mit Sicherheit aber auch auf Vater und Tochter.

Der entscheidende Faktor ist also die Sexualität zwischen Vater und Mutter. Wenn die Eltern einander sexuell zufrieden stellen, wird der Kontakt zu ihren Kindern geprägt sein vom schönen Gefühl sinnlicher Liebe und nicht vom Verlangen nach reiner sexueller Befriedigung. Solange es zwischen den Eltern eine sexuelle Erfüllung gibt und Zuneigung herrscht, gibt es keine irgendwie unangemessenen sexuellen Beziehungen mit den Kindern.

Ich spreche aber leider von einem Ideal, das, zumindest bei uns, in den Familien nur allzu selten zu finden ist. Wir erleben gerade das Ende einer langen Periode, in der es Probleme mit der Sexualität gab, das wissen wir alle nur zu gut. In dem Maß, wie dein Vater Hemmungen, Schuldkomplexe und Beeinträchtigungen seines natürlichen sexuellen Verlangens übernahm, hat er sie möglicherweise an dich weitergereicht, und dies vielleicht so, dass auch deine Fähigkeit, als Erwachsener ein sexuell erfülltes Leben zu führen, eingeschränkt wurde.

Ob du nun ein Mann bist oder eine Frau, wichtig ist, dir darüber bewusst zu werden, ob es in deiner Kindheit irgendeine sexuelle Beziehung zwischen dir und deinem Vater gab, und dich ehrlich, klar und deutlich an körperliche Berührungen zu erinnern, die dir unangenehm waren.

Die erste Frage zielt auf den Grad der sexuellen Erfüllung zwischen deinem Vater und deiner Mutter … Halte inne und lass die Eindrücke in dir aufsteigen …

Es ist ganz wichtig festzustellen, wie die sexuelle Erfüllung deines Vaters – oder der Mangel daran – deine eigene sexuelle Natur beeinflusst hat. Es gibt Väter, die ihre kleinen Jungen missbrauchen, wie sie es auch mit ihren kleinen Mädchen tun, wenn die sexuellen Energien nicht in geordneten Bahnen fließen … Nimm dir Zeit und versuche dich zu erinnern. Hast du die Berührungen und Umarmungen deines Vaters genossen, oder lag etwas Unangeneh-

mes in der Art deines Vaters, dir gegenüber körperliche Nähe auszudrücken? ...

Es gibt im Leben nicht nur schwarz oder weiß, ja oder nein. Wenn du dich an Situationen mit deinem Vater erinnerst, die deutlich sexuell gefärbt waren, denke daran, dass die Sexualität deines Vaters nicht immer gleich war. Er war damit mal mehr, mal weniger zufrieden. Vielleicht war er gelegentlich sexuell aufgewühlt und hat diese Energie allzu sehr in deine Richtung gelenkt. Vielleicht ist es dir jetzt möglich, ihm zu vergeben, dass er kein perfekter Mensch war und dich für seine eigenen Bedürfnisse benutzte, obwohl es dir als Kind geschadet hat.

Wenn dein Vater jedoch deine kindliche Natur regelmäßig vergewaltigt hat, indem er sein sexuelles Verlangen auf dich konzentrierte, und du die Erinnerung daran aus deinem Kopf verdrängt hast, musst du dich dieser Tatsache unbedingt stellen und dir ein Bild von deinem Vater machen, das diese Dimension seiner Beziehung zu dir einschließt. Wenn das unterbleibt, kannst du nicht erwarten, dein Problem mit ihm zu lösen. Bist du von so etwas oder anderen tiefen Kindheitstraumen betroffen, empfiehlt es sich vielleicht, einen verständnisvollen Therapeuten aufzusuchen oder dich einem entsprechenden Kurs oder einer Selbsthilfegruppe mit Menschen in ähnlicher Situation anzuschließen. (Einige in der Literatur genannten Bücher informieren ebenfalls über diese Problematik.)

Einer der Wege, die wir in diesem Buch gehen, ist der Weg der Vergebung. Gut, dein Vater war nicht ideal. Ich habe nie einen idealen Vater kennen gelernt, ich bin auch keiner. Ob wir nun Väter sind oder nicht, wir alle haben gewisse Kratzer an unserer Persönlichkeit, die unsere Beziehungen beeinträchtigen. Wenn wir jedoch ehrlich sind, stellen wir fest, dass wir meist unser Bestes geben, trotz all unserer Schwächen.

Mit diesem Gedanken im Bewusstsein sollten wir die Möglichkeit ausloten, unsere Väter zu akzeptieren, zu verstehen und ihnen zu vergeben, dass sie nicht ganz perfekt waren. Je eher wir das erreichen, desto besser werden wir uns schließlich fühlen, und dann möglicherweise zu einer befriedigenderen Beziehung kommen mit dem Mann, der unser Vater war, so gut er es vermochte.

Werfen wir nun einen abschließenden Blick auf andere Frauen, die im Leben deines Vaters eine Rolle gespielt haben mögen und für deine Entwicklung als Heranwachsender wichtig waren. Hat er sexuelle Abenteuer außerhalb der Ehe gesucht? In psychologischen Kreisen tobt immer noch eine heftige Debatte darüber, ob das Wesen des Menschen monogam sei, wie beispielsweise das der Tauben und Elefanten, oder promiskuitiv und nicht dafür geschaffen, sich nur mit einer Person zu verbinden und außerhalb der Familie keine sexuellen Beziehungen zu haben.

Der Mensch scheint eine Mischung aus beidem zu sein. Manche sind mit einem Sexualpartner zufrieden, andere wollen jede zweite Woche eine andere oder einen anderen im Bett. Dann bestimmt natürlich auch die Qualität der Beziehung darüber, ob wir zufrieden sind oder weiter nach dieser Urerfüllung Ausschau halten, die sich manchmal zwischen zwei Menschen einstellt.

Jedenfalls beeinflusst das Gefühl sexueller Erfüllung oder Frustration bei den Eltern direkt die Erwartungen und Gewohnheiten ihrer Kinder. Ich hatte das Glück, dass meine Eltern miteinander glücklich waren und ich somit ein Modell für eine eigene langfristige, befriedigende Beziehung in mir trug. Menschen, deren Eltern eine unglückliche Beziehung hatten, gelingt es oft schwerer, eine dauerhaft erfüllte sexuelle Partnerschaft einzugehen. – Vor einseitigen Verallgemeinerungen sollte man sich jedoch trotzdem hüten.

Nimm dir ein paar Minuten Zeit und denke darüber nach, ob dein Vater mit deiner Mutter in sexueller Hinsicht glücklich war oder ob er nach Erfüllung außerhalb der Ehe suchte ...

Wenn dein Vater, als du herangewachsen bist, tatsächlich sexuelle Beziehungen zu anderen Frauen hatte, welchen Einfluss mag dies wohl auf die Haltungen und Erwartungen deiner erwachsenen Beziehungen gehabt haben? Sehr oft, insbesondere wenn Ehen auseinander brechen und der Vater plötzlich eine fremde Frau umarmt und küsst, werden Kinder stark traumatisiert. Wenn das auch dir widerfuhr, ermutigt dich dieses Buch hoffentlich, vermehrt über diese Erinnerungen nachzudenken. Die Herausforderung besteht darin, klar hinzusehen und die Auswirkung dieser Erfahrungen auf deine heutigen Gefühle und Gedanken zu spüren, dann langsam das Geschehene zu akzeptieren und darauf zu achten, ob du bereit bist, den Prozess der Vergebung einzuleiten – Vergebung für das, was dein Vater getan und womit er dich verletzt hat.

Schau nun zurück und überlege, ob du irgendeine Frau findest, die, neben deiner Mutter, eine sexuelle oder sexuell gefärbte Beziehung zu deinem Vater hatte ... Lass die Erinnerungen lebendig werden, schau dir die aufkommenden Gefühle ehrlich an, atme in deine Gefühle hinein und achte darauf, ob du bereit bist, sie nun heilen zu lassen ...

Dein Vater
und seine Arbeit

Allzu oft übersehen wir den enormen Einfluss, den der Vater auf unsere Berufswahl haben kann. Als Kind orientieren wir uns ganz selbstverständlich an den Rollen, die unsere Eltern spielen. Eine der wichtigsten Rollen von Vätern ist sicherlich die des Versorgers. In immer größerem Maß übernehmen nun auch Mütter diese Rolle, was seine Vor- und Nachteile hat. Zweifellos beziehen wir jedoch unsere Vorstellung von der Welt der Arbeit in den meisten Fällen von unserem Vater, sofern er bei uns lebte.

Innere Einstellungen zur Arbeit werden oft von einer Generation an die nächste weitergereicht. Ein Sohn oder eine Tochter mag in einem völlig anderen Bereich arbeiten als der Vater. In welcher Haltung diese Arbeit verrichtet wird, bestimmen aber unterschwellige innere Einstellungen. Als Erwachsene haben wir die Aufgabe, das Arbeitsleben und die dazugehörigen Einstellungen unseres Vaters eingehend zu untersuchen und herauszufinden, was wir von ihm übernommen haben, um dann ganz bewusst auszuwählen, was wir behalten und was wir verändern wollen.

Entscheidend ist dabei, sich immer klar an die Zeit des Aufwachsens zu erinnern, damit uns die Prägung deutlich wird, die in unserem Inneren stattgefunden hat. Damals haben wir erlebt, wie unser Vater zur Arbeit ging und von der Arbeit kam und diese Welt in unser Leben brachte: seine Gefühle, seine Gespräche am Arbeitsplatz, aber auch seinen von der Arbeit beeinflussten körperlichen und geistigen Zustand.

Suche zuerst in deinem Gedächtnis nach der frühesten Erinnerung an deinen Vater, wie er morgens zur Arbeit geht oder später am Tag, falls er andere Arbeitszeiten hatte. Wenn dein Vater zu Hause arbeitete, erinnere dich, wie er sich an die Arbeit machte …

Nimm dir, nachdem du diesen Absatz gelesen hast, etwas Zeit, schließe die Augen, atme und entspanne dich ein wenig, mache es dir gemütlich und lass dann Bilder aus der Vergangenheit in dein Bewusstsein aufsteigen, erinnere dich, wie sich dein Vater zur Arbeit fertig machte und aus dem Haus ging …

Sicher war das Haus, nachdem er es verlassen hatte, verändert. Plötzlich fehlte die männliche Energie … Kannst du dich daran erinnern, als Kleinkind zu Hause zu sein und wie du dich fühltest, wenn dein Vater zur Arbeit gegangen war? …

Viele Stunden später kam er wieder heim, und seine maskuline Energie erfüllte eure häusliche Welt. Wie fühltest du dich als kleines Kind, wenn dein Vater nach der Arbeit bald nach Hause kommen sollte? … Halte inne und erinnere dich an das Gefühl, das dich überkam, und vielleicht auch an das Gefühl, das du in deiner Mutter gespürt hast, wenn dein Vater von der Arbeit nach Hause kam …

Diese frühen Erfahrungen, diese Urbegegnungen mit einem arbeitenden Mann, haben deine archetypischen Vorstellungen über das, was Arbeit bedeutet, geformt. Das ist bei uns allen so. Arbeit war für die meisten Kinder etwas Mysteriöses, weil sie meist weit weg waren von dem, was ihr Vater tat, und ihn vielleicht überhaupt nie direkt bei der Arbeit erlebten. Wir sahen unseren Vater nur zu irgendeinem geheimnisvollen Arbeitsplatz aufbrechen und spürten, wie er sich dabei und bei seiner Rückkehr fühlte.

Ich hatte in dieser Hinsicht Glück, denn mein Vater war Viehzüchter und ich konnte ihn schon als kleines Kind bei der Arbeit beobachten. Eine meiner frühesten Erinnerungen ist, dass ich auf dem Schoß meiner Mutter stand, mich aus dem Fenster eines Lieferwagens lehnte und meinen Vater einen Traktor fahren sah. Ich erinnere mich sogar lebhaft an das Geräusch des Traktormotors, an den süßen Duft der gemähten Luzernen und an das magische Niederfallen des Heus hinter der Mähmaschine, als mein Vater die mächtige Maschine in eleganten Runden über das Feld lenkte.

Ebenso lebhaft erinnere ich mich, dass ich durch die Ritzen der unteren Bretter eines Pferchs starrte und sah, wie mein Vater und zwei andere Cowboys Kälber fesselten, brandmarkten und kastrierten. Das sind schreckliche Erinnerungen, die erst nach einigen therapeutischen Bemühungen ins Bewusstsein stiegen. Ich muss sagen, dass meine Vorstellung von Arbeit stark davon geprägt wurde, dass ich meinen Vater in so gefährlichen, oft schmerzhaften Kämpfen mit Tieren beobachtete und sah, wie er ihnen Gewalt antat. Ich identifizierte mich mehr mit den Kälbern, denn sie waren meinem Alter näher. Insbesondere die Beobachtung der Kastrationsszenen beeinflusste meine Entscheidung, im Hinblick auf die Arbeit nicht in die Fußstapfen meines Vaters zu treten.

Wenn ich in meinem gemütlichen Büro sitze und meine Therapeutenrolle spiele, die nicht mehr körperlichen Einsatz erfordert als ein gemurmeltes »Hmm« oder ein »Weiter, erzählen Sie mir mehr davon«, habe ich manchmal das seltsame Gefühl, ich würde nicht »richtig« arbeiten und käme in meinem Leben ohne echte Arbeit davon. Das Einhämmern auf diese Schreibmaschine und der Kampf mit Worten fühlen sich jedoch manchmal auch an wie Cowboy-Arbeit, denn oft werde ich plötzlich von einem Konzept, dem ich mich im Moment nicht gewachsen fühle, aus dem Sattel geworfen.

Im Laufe der Jahre habe ich festgestellt, dass meine innerste Grundeinstellung zur Arbeit der meines Vaters äußerst ähnlich ist. Egal, was ich mache, ich arbeite eher schnell und hart und stecke die Energie eines ländlichen Viehzüchters in einen städtischen Bürojob. Ferner wurde mir bewusst, dass mein Vater nie für jemand anderen gearbeitet hat, eine kurze Zeit im Zweiten Weltkrieg einmal ausgenommen. Er war immer sein eigener Chef, immer unabhängiger Unternehmer und lebte immer mit dem Gefühl, nicht auf irgendwelche Organisationen und Institutionen angewiesen zu sein. Und ich habe fast genauso gelebt: Ich habe fast immer selbständig gearbeitet und besser bezahlte Arbeit abgelehnt, um mir meine Cowboy-Freiheit zu erhalten, obwohl ich nicht das Leben eines Viehzüchters lebe.

Während des Nachdenkens über meinen Vater stellte ich schließlich noch fest, dass sich mein Vater fortlaufend bemühte, die Arbeitsvorgänge auf der Ranch zu verbessern, und dass dies meine Arbeit als Therapeut beeinflusst hat. Das Verfassen dieses Buches lässt sich direkt zurückführen auf die Art meines Vaters, an eine Arbeit heranzugehen. Er gab sich nie mit den altbewährten Verfahren zufrieden und bemühte sich stets um neue, effektivere landwirtschaftliche Methoden. Und ich schreibe ein Buch, experimentiere, seit ich erwachsen bin, mit therapeutischen Techniken und bemühe mich immer um noch bessere Wege der Problemlösung.

Diese Erkenntnisse halfen mir meine verborgenen Triebfedern und Impulse zu erkennen, aber auch meine Arbeitshaltungen und Grenzen. Ich wurde mir jedoch auch bestimmter Arbeitsgewohnheiten meines Vaters bewusst, die für mich nicht gut waren. Diese alten, übernommenen Angewohnheiten habe ich, so gut es ging, Schritt für Schritt abgelegt.

Nimm dir etwas Zeit und blicke in dich hinein … Bis zu welchem Grad gleicht deine Einstellung zur Arbeit der deines Vaters, und in welcher Weise begünstigt diese Einstellung dein heutiges Arbeitsleben? … Lege das Buch zur Seite, achte auf die Gedanken über deinen Vater und seine Arbeit, die dir nun in den Sinn kommen …

Du hast jetzt Erinnerungen an deinen Vater als arbeitende Person wieder erweckt und kannst dich nun konkreteren Aspekten widmen. Welche Eindrücke hattest du hinsichtlich der folgenden Fragen, als du heranwuchst:

1. Ging dein Vater gerne zur Arbeit, freute er sich darauf, oder hattest du das Gefühl, dass es ihm unangenehm war, zur Arbeit gehen zu müssen?
2. War seine Arbeit für ihn befriedigend oder unbefriedigend?
3. Wie fühltest du dich, wenn er zur Arbeit aufbrach?
4. Hast du, während er bei der Arbeit war, oft an ihn gedacht und was er wohl den ganzen Tag über tun würde?
5. Hast du ihn je an seinem Arbeitsplatz besucht?
6. Hat dir dein Vater zeitweise gestattet oder hat er dich gezwungen, mit ihm zu arbeiten?
7. In welcher körperlichen Verfassung kam dein Vater meistens von der Arbeit?

8. In welchem emotionalen Zustand kam er in der Regel von der Arbeit?

9. Haben sich deine Eltern über seine Arbeit unterhalten oder trennte er seine Arbeit vom Familienleben?

10. Konnte dein Vater seine Gedanken an die Arbeit zur Seite schieben und zu Hause mit dir spielen?

11. Hattest du ein gutes Gefühl für seine Arbeit und wolltest du später in seine Fußstapfen treten?

12. Gehst du deine heutige Arbeit in ähnlicher Weise an wie dein Vater, oder unterscheidest du dich in dieser Hinsicht von ihm?

Über diese Fragen solltest du nicht nur einmal und oberflächlich nachdenken. Ich hoffe vielmehr, dass du sie dir zu Herzen nimmst und in den nächsten Wochen mindestens drei- oder viermal über jede einzelne meditierst. Diese Fragen lösen die Erinnerungen aus, die dich zu einer tieferen Begegnung mit deinem Vater führen und dir zeigen sollen, wie er deine heutigen Arbeitsgewohnheiten und -haltungen geprägt hat.

Willst du mehr über deine Arbeitsweise erfahren, dann wende die täglichen Reflexionsübungen an, die ich am Ende des Kapitels »Der Erinnerung auf der Spur« auf den Seiten 30 f. beschrieben habe, und nimm dir nach und nach jede einzelne Frage in diesem Kapitel vor. Fang mit der ersten Frage dieser Auflistung an. Nimm dir für jede Frage reichlich Zeit. Vielleicht arbeitest du nur mit einigen wenigen und legst dann eine Pause ein. Mit der Zeit wirst du eigene Gewohnheiten des Nachdenkens entwickeln.

Nun schlage ich vor, deine Aufmerksamkeit konkreter auf dein momentanes Arbeitsleben zu richten. Ich habe dir gezeigt, wie mein Vater meine Arbeitsgewohnheiten und Berufsentscheidungen als Erwachsener mitbestimmt hat. Überlege nun, wie du deinen Lebensunterhalt verdienst und versuche herauszufinden, wo du dich nach deinem Vater gerichtet und wo du dich von seinem Einfluss gelöst hast.

Auch hier ist es am besten, sich beim Nachdenken an eine Liste von Anregungen und Fragen zu halten. Sie bieten diesem fortlaufenden Erforschungsprozess über dich und dein Arbeitsverhalten eine konkrete Struktur. Halte dich wieder an die täglichen Reflexionsübungen. Möglicherweise dient dir diese Liste langfristig überhaupt als Quelle, mit deren Hilfe du ein tieferes Verständnis für dich und den Einfluss, den dein Vater auf dich gehabt hat, entwickeln kannst:

13. Gehst du deiner täglichen Arbeit im gleichen Tempo nach wie früher dein Vater seiner Arbeit, oder unterscheidest du dich in dieser Hinsicht von ihm?

14. Hast du eine Arbeit gewählt, die der Arbeit deines Vaters gleicht, als du noch jung warst, oder machst du etwas ganz anderes?

15. Gehst du mit einer ähnlichen emotionalen Haltung zur Arbeit wie dein Vater, oder unterscheidest du dich in dieser Beziehung von ihm?

16. Hast du die gleiche Art wie dein Vater, Berufstätigkeit und Familienleben miteinander zu vereinbaren, oder gehst du diese Sache ganz anders an?

17. Ziehst du genauso viel Befriedigung aus deiner Arbeit wie dein Vater, oder bist du mehr oder weniger zufrieden?

18. Unterscheiden sich deine finanziellen Vorstellungen von denen deines Vaters oder nicht?

19. Wie schätzt du deinen beruflichen Erfolg ein? Hatte dein Vater, als er so alt war wie du heute, mehr oder weniger Erfolg?
20. Würdest du die Arbeitsgewohnheiten deines Vaters und seine Einstellung zur Arbeit als ungesund bezeichnen?
21. In welcher Hinsicht betrachtest du die Einstellung deines Vaters zum Geldverdienen als positiv?
22. Kannst du dich von der Arbeitshaltung deines Vaters distanzieren und alte Auffassungen, die dir heutzutage nicht mehr dienlich sind, ablegen?
23. Möchtest du in Hinblick auf seine Beziehung zur Arbeit enden wie dein Vater?
24. Wie beeinflusst du wohl die Menschen deiner Umgebung mit deiner heutigen Einstellung zur Arbeit?

Nachdem du nun diese Liste gelesen hast, schlage ich dir noch einmal vor, ein regelmäßiges Ritual zu entwickeln und dir jeden Tag fünf Minuten Zeit zu nehmen, um über einige Fragen nachzudenken, damit du deine Haltungen und Gewohnheiten ganz direkt, bewusst und schnell in die gewünschte Richtung verändern kannst. So wird aus diesem Buch ein über lange Zeit einsetzbarer Leitfaden zu innerem Wachstum. All die vielen Anregungen und Techniken, die ich anbiete, sind geeignet, diesen Prozess zu fördern, aber es braucht fraglos Zeit, jeder Anregung nachzugehen. In den kommenden Wochen, Monaten und Jahren solltest du vielleicht jeden Tag einige Minuten freihalten, um dich Schritt für Schritt in die Anregungen und Fragen zu vertiefen. Die Herausforderung besteht darin, diszipliniert jeden Tag ein wenig über deinen Vater nachzudenken und darüber, wie sich deine Entwicklung an ihm orientierte beziehungsweise eigene Wege einschlug.

Was er dich gelehrt hat

Manche Väter sind ausgezeichnete Lehrer, die ihre Kinder ganz natürlich Schritt für Schritt anleiten, die zahllosen Anforderungen des Lebens zu meistern. Andere Väter dagegen haben nicht nur Probleme, lebenspraktische Dinge zu vermitteln, sie behindern sogar eher die Lernerfahrungen des Kindes.

Vom ersten Lebensjahr an beobachten Kinder ganz spontan die Handlungen und Stimmen ihrer Eltern und versuchen sie nachzuahmen. Der Prozess der Imitation ist eine genetische Veranlagung des Menschen. Ihm verdanken wir, dass wir so viel lernen und so schnell.

Was wir lernen, wird somit weitgehend von den Vorbildern älterer Menschen um uns herum bestimmt. Wenn Eltern zum Beispiel die ganze Zeit streiten, beobachtet das Kind dieses Verhalten und den damit verbundenen stimmlichen Ausdruck, übernimmt die erlernte Information und macht sie zu einem Teil seines eigenen Verhaltens.

Egal, ob ein Vater seinem Kind bewusst beim Lernen grundlegender Dinge hilft oder nicht, es lernt ununterbrochen und nimmt die Handlungen und Stimmen seiner Eltern oder anderer Personen zu Hause und in der Umgebung in sich auf, um sie dann später selbst auszuprobieren.

Oft müssen Eltern peinlich berührt feststellen, dass ihr Kind plötzlich in einem unschönen Ton spricht und den Tonfall imitiert, den sie kürzlich in einer besonders heftigen Auseinandersetzung angeschlagen haben. Erstaunlicherweise achten viele Eltern nicht genau auf den Ton ihrer Kinder.

Sie hören zwar deren Quengeln und Jammern sowie die aggressive, depressive oder verwirrte Tonlage, wenn dies jedoch auch ihre Sprechgewohnheiten sind, empfinden sie die kindlichen Stimmen als ganz normal. Andere Eltern protestieren gegen den unangenehmen Ton ihres Kindes, sind sich aber überhaupt nicht bewusst, dass sie das Vorbild dafür liefern.

Auch strafen Eltern ihr Kind oft für eine Verhaltensweise, die sie ihm selbst vorgelebt haben. Für ein Kind ist das äußerst verwirrend und eine der Hauptursachen für Neurosen. Mutter oder Vater bestrafen zum Beispiel das Kind mit Schlägen: Wenn es dann zurückschlägt oder ein anderes Kind schlägt, wird es dafür bestraft.

Als Eltern erfolgreich zu sein ist in vieler Hinsicht ein schwieriges Unterfangen, zumal wir immer noch nicht viel von den grundlegenden persönlichkeitsformenden Prozessen verstehen. Eltern können also nicht wissen, wie sie am besten mit ihren Kindern umgehen sollten. Sie können nur Tag für Tag den eigenen, von ihren Eltern erlernten Kindheitsmustern vertrauen und in Situationen, in denen ihre elterlichen Instinkte nicht eindeutig sind, nur möglichst bewusst liebevoll reagieren.

Dein Vater hat also höchstwahrscheinlich deine Entwicklung zu einem ausgeglichenen, gesunden und zufriedenen Erwachsenen nicht optimal gefördert. In diesem Kapitel werden wir konkrete Wege ausfindig machen, in denen du lebenspraktische Hilfe gesucht hast, und dir die Gelegenheit geben, darüber nachzudenken, ob dir dein Vater eine Hilfe sein konnte, als du die Anleitung eines geduldigen, verständnisvollen Lehrer brauchtest.

Eine der wichtigsten Qualitäten einer guten Lehrkraft hat mit der Geschwindigkeit zu tun, mit der sie einem Kind etwas Neues beibringt. Unter Zeitdruck, wenn ein Vater nicht entspannt ist und sich nicht die Zeit nehmen kann, dem Kind gerne beim Lernen zu helfen, entsteht eine Anspannung, die die gesamte Lernsituation vergiften kann.

So eine Anspannung spiegelt die allgemeine Anspannung im Leben eines Menschen – und dies ist ein Persönlichkeitsmerkmal vieler Väter unserer Zeit. Sie sind im Grunde so sehr mit ihrer eigenen Welt der Arbeit, der Gefühle usw. beschäftigt, dass sie meinen, überhaupt keine freie Zeit mehr zu haben. Umso mehr fällt es ihnen schwer, Zeit mit ihrem dummen Kleinen zu verplempern und immer wieder so ein blödes Puzzle für Fünfjährige zu machen.

Ich habe Mitleid mit Vätern, die im Konkurrenzkampf gefangen sind, die immer unter Druck stehen und sich nie entspannt auf den Fußboden niederlassen können, um pro Tag eine Stunde oder so nichts eigentlich Wichtiges zu tun, außer einfach mit ihrem Dreijährigen zusammen zu sein. Der Vater steht im Morgengrauen auf und geht dann wahrscheinlich zur Arbeit. Den ganzen Tag über beschäftigt er sich mit äußerst ernsthaften Erwachsenenangelegenheiten. Auf dem Heimweg ist er eine Stunde lang unterwegs, seine Frau beklagt sich über irgendetwas, das Kind weint, das Telefon klingelt, er hat schreckliches Sodbrennen – aber er zwingt sich, ein guter Vater zu sein, indem er mit seinem Kind spielt, ob ihm nun danach ist oder nicht.

Das Kind fühlt all das und kann den vorgefassten Erwartungen des Vaters ans gemeinsame Spielen nicht entsprechen. Deshalb endet dieses Spielen häufig so: Der Vater wird wütend, schreit das Kind an und geht weg zu seiner Fernsehsendung, in die Kneipe um die Ecke oder entzieht sich auf andere Art der Situation.

Ein solcher Vater tut mir Leid. Er ist in einer Falle, hat keinen Freiraum für sich selbst und ist frustriert, weil er keine gute Beziehung zu seinem Kind hat. Das Kind tut mir aber noch mehr Leid.

Kinder brauchen, um glücklich zu sein und sich gut zu entwickeln, jeden Tag ein gewisses Maß an unmittelbarem Zusammensein mit Erwachsenen. Das haben Kinderpsychologinnen und -psychologen seit vielen Jahren nachgewiesen. Früher war das Lebenstempo wesentlich langsamer und die direkte Aufmerksamkeit der Erwachsenen gegenüber den Kindern wurde weniger als heute abgelenkt. Dies war den Lernprozessen, die im Kopf eines Kindes ablaufen, erheblich zuträglicher. Es gab insbesondere in großen Familien immer irgendeine Person, die sich gern ein paar Minuten auf den Fußboden niederließ, um sich in die Welt eines Kleinkinds zu versenken. Diese Welt ist eine wunderbare, wenn du die Zeit, die Geduld und die emotionale Intelligenz hast, deine eigenen Sorgen eine Weile zur Seite zu schieben und dich darauf einzulassen.

Heute haben wir isolierte Kleinfamilien, die in isolierten Vorstädten leben, in denen der Fernsehapparat lautstark jeden Anflug von emotionalem Familienleben übertönt. Wir haben Väter, die es immer eilig haben, von zu Hause wegzukommen, und Mütter, die auch mehr und mehr mit außerhäuslichen Dingen beschäftigt sind. Und wir haben Kinder, die nach elterlicher Zuwendung lechzen, zu wenig bekommen und sich zur emotionalen Ersatzbefriedigung in die allgemein übliche Fernsehsucht flüchten. Wir steuern auf eine Gesellschaft zu, in der die Menschen zu wenig Bindung zu ihren Müttern und Vätern, Brüdern und Schwestern, Freunden und Bekannten haben. Unser Lebenstempo ist einfach zu hoch, wir tun zu viel, kämpfen, um mit anderen mithalten zu können und sie zu überholen, und vernachlässigen dabei unsere Kinder, indem wir nicht genügend Zeit mit ihnen verbringen und nicht regelmäßig und mit Freude an ihrem Leben Anteil nehmen.

Als meine Frau und ich vor einigen Jahren von Europa wieder zurück nach Amerika kamen, trafen wir die amerikanischen Familien in einem Zustand an, der uns schockierte. Wir erlebten, dass gute Freunde, die wir nach ein, zwei Jahren erstmals wieder besuchten, sich nur kurz mit uns unterhielten, dann auf die Uhr sahen und feststellten, dass sie jetzt unbedingt die neueste Folge einer bestimmten Fernsehserie sehen müssten – um dann den ganzen Abend vor der Glotze zu verbringen, anstatt ein persönliches Gespräch mit uns zu führen. Die Kinder hatten sich inzwischen in ihre Zimmer zu ihren jeweiligen Fernsehapparaten zurückgezogen. Wir hatten sie kaum kennen gelernt.

Solche Klagen sind dir wahrscheinlich nicht neu, aber ich finde, sie müssen immer wieder neu vorgebracht werden. Mir ist wichtig, dass du über dieses Thema nachdenkst, damit es dir leichter fällt, auf deine Kindheit zurückzublicken. Um ein Gefühl dafür zu bekommen, wie viel du von deinem Vater lernen konntest, musst du wissen, wie viel Zeit er jeden Tag mit dir verbrachte, als du noch ein Kind warst.

Entspanne dich, denke an deine Kindheit und öffne dich der Erinnerung an einen typischen Abend bei euch zu Hause. War dein Vater meist dabei? Oder war er meistens weg? Wenn er zu Hause war, hat er sich mit dir und deinem Leben befasst, mit deinem Lernen und mit deinen Problemen, damit er dir behilflich sein konnte – oder kreiste er nur in seinen Welten und war oft nicht da, wenn du seine Gegenwart und seine Unterstützung brauchtest? ...

Lege nun das Buch zur Seite, schließe die Augen, wenn du möchtest, und lass die Erinnerungen aufsteigen ...

Ich möchte dir nun eine genauere Anleitung geben, damit du dich an eine konkrete Situation mit deinem Vater erinnerst, bei der er sich Zeit genommen und versucht hat, dir etwas beizubringen. Denke an eine Gelegenheit, bei der er sich dir widmete und dir half, etwas zu lernen. Vielleicht kannst du in den nächsten paar Tagen diese Erinnerung vertiefen und dich erinnern, wie du dich dabei gefühlt hast. Warst du angespannt, hat er dich gedrängt, zu viel und zu schnell zu lernen, oder war er ein guter Lehrer? Hat ihm das Zusammensein mit dir Spaß gemacht, hat er sich gern auf dich eingestellt, oder konnte er sich nicht wirklich auf das Niveau eines Kindes begeben und das kindliche Bewusstsein genießen? ...

Nimm dir nun etwas Zeit, konzentriere dich auf eine bestimmte Erinnerung und atme in die aufsteigenden Erkenntnisse hinein ...

Wenn sie überlegen, was sie von ihrem Vater gelernt haben, fällt vielen Menschen erst mal überhaupt nichts ein. Sie sind davon überzeugt, dass dieser Mann sie nicht das Geringste über das Leben gelehrt hätte. Diese negative Verallgemeinerung blockiert jede positive Erinnerung an Zeiten, in denen es tatsächlich gute Lernerfahrungen zwischen Vater und Kind gegeben hat.

Hier sehen wir wieder das Hauptthema von innerem Wachstum, mit dem wir uns das ganze Buch über beschäftigen. Unsere Einstellungen beeinflussen in hohem Maße unser Tun und verhindern, dass wir uns erinnern, wie unsere Vaterbeziehung früher war. Verändern wir die innere Einstellung durch bewusstes Üben, kommen plötzlich neue Erkenntnisse ans Licht, und hinter den stereotypen, in der Kindheit entwickelten Einstellungen scheint ein reiferes Vaterbild auf. Ein erster wesentlicher Schritt hierfür ist die Betrachtung einiger grundlegender Lebensbereiche, in denen dein Vater dich etwas gelehrt hat. Oft hilft es dem Gedächtnis, die Lernsituationen in verschiedene Bereiche einzuteilen. Hier einige Leitgedanken:

— Spiele, die dich dein Vater gelehrt hat;
— Einstellungen, die du von deinem Vater gelernt hast;
— praktische Tätigkeiten im Haus, die er dich gelehrt hat;
— Hausaufgaben, bei denen er dir geholfen hat;
— gesellschaftliche und sexuelle Fragen, die er dir beantwortet hat;
— für Erwachsene gedachte Tätigkeiten, die er dir erklärt hat;
— philosophische und religiöse Gedanken, die er dir dargelegt hat;
— lustige Geschichten, die er dir erzählt hat;
— andere Dinge, die er dir beigebracht hat.

Hoffentlich hast du in deiner Kindheit und Jugend viel von deinem Vater gelernt, und hoffentlich ist dir das Gelernte als Erwachsener von Nutzen.

Es folgt eine weitere Liste zur Auswertung der unterschiedlichen Erfahrungen mit deinem Vater beim Erlernen der vielen Dinge, die für ein Kind wichtig sind. Nimm dir jede Frage einzeln vor, halte inne und überlege, ob dir dein Vater in dieser Hinsicht eine Hilfe war und seine Unterweisung deutlich und positiv oder eher verwirrend und unangenehm war:

1. Hat dir dein Vater, als du noch ganz klein warst, gezeigt, wie man mit Bauklötzen und anderem Kleinkinderspielzeug spielt?

2. Kannst du dich erinnern, dass dein Vater mit dir gesungen und dir Lieder beigebracht hat?

3. Hat es deinem Vater Spaß gemacht, mit einem kleinen Kind spazieren zu gehen? Durftest du dich an seinen Fingern festhalten, wenn ihr beide draußen herumspaziert seid?

4. Hat dir dein Vater beim Radfahrenlernen geholfen, beim Schlittschuhlaufen, beim Baseballspielen? Hat er dich das Schwimmen, Skifahren oder eine andere Sportart gelehrt?

5. Hat sich dein Vater die Zeit genommen, all deine kindlichen und jugendlichen Fragen über die Welt zu beantworten, oder war er bei seinen Erklärungen eher ungeduldig?

6. Hat sich dein Vater für deine schulischen Probleme interessiert? War er auf deiner Seite, hat er dich unterstützt und gab er dir gute Ratschläge, oder war er zu sehr mit anderen Dingen beschäftigt, um sich mit deinen »kindischen« Problemen zu befassen?

7. Konntest du dich als Jugendlicher mit Fragen über Liebe und Sexualität an deinen Vater wenden, oder fühlte er sich für solche Teenagerprobleme nicht zuständig?

8. Hat dein Vater Anteil genommen, als du den Führerschein gemacht hast, half er dir bei diesem wichtigen Schritt ins Erwachsenenleben, oder überließ er diese Sache ganz der Fahrschule?

9. Hat dein Vater mit dir gesprochen, als sich die Fragen der Arbeitswelt stellten und du um deinen Platz im Überlebensspiel der Erwachsenen gerungen hast? Hat

er dir erklärt, was dich erwartet, oder war er dir keine Hilfe, als du ihn wirklich gebraucht hättest?

10. Konntest du dich auch noch als Erwachsener an ihn wenden, wenn du mit einer neuen Situation nicht zurechtkamst, oder stand er dir dann nicht mehr als Helfer zur Verfügung?
11. Hat dir dein Vater in deiner Kindheit und Jugend viel beigebracht?
12. War er ein guter Lehrer?

Ich habe dir wieder eine Liste vorgelegt, die nicht schnell mit ja oder nein abgehakt werden kann, sondern Fragen enthält, die über einen längeren Zeitraum hinweg bedacht und vertieft werden sollten. Jede Frage kann eine Vielzahl von Erinnerungen wecken – darin besteht auch ihr Hauptziel. Deshalb hoffe ich, dass du im Laufe der Tage und Jahre auf jede Frage mehrmals zurückkommst, um schließlich reiche innere Ernte zu halten. Ich selbst habe mich über mehrere Jahre hinweg mit diesen Fragen befasst, und selbst als ich sie für dieses Buch niederschrieb, stiegen manche, völlig neue Erinnerungsbilder und emotionale Schmerzen auf. Solche Fragen haben eine immense Kraft, um inneres Wachstum zu fördern und neue Einsichten hervorzubringen.

Oft lasse ich meine Klientinnen und Klienten in einer Sitzung etwa eine halbe Stunde lang auflisten, welche Dinge sie ihr Vater in ihrer Jugend gelehrt hat. Diese Übung empfehle ich auch dir. Diese Liste tatsächlich zu schreiben ist eine eigenartig kraftvolle Handlung. Beim Niederschreiben dessen, was du von deinem Vater gelernt hast, werden plötzlich starke Erinnerungen in dir aufsteigen. Liegt die Liste dann vor dir, wirst du ein sehr genaues Gefühl dafür bekommen, was dein Vater zu deiner Entwicklung zum Erwachsenen beigetragen hat – oder auch nicht.

Ich schlage vor, dass du dich irgendwann in den nächsten Tagen hinsetzt, dir Schreibzeug herrichtest oder den Computer einschaltest und dich ein wenig entspannst. Atme ruhig und lass die Erinnerungen an Dinge, die dich dein Vater gelehrt hat, in dir aufsteigen. Schreibe alles auf, was dir in den Sinn kommt. Lege die Liste dann zur Seite. Wenn du ein paar Stunden später wieder auf sie zurückkommst, wirst du feststellen, dass sich noch mehr Erinnerungen einstellen an Dinge, die dir dein Vater beigebracht hat oder beizubringen versuchte. Nimm dir die Liste am nächsten Tag nochmals vor und achte auf neu aufsteigende Erinnerungen. Je nachdem, wie viel Zeit dein Vater tatsächlich damit verbracht hat, dich etwas zu lehren, wird deine Liste eine reiche Auswahl intimer Begegnungen mit deinem Vater aufweisen.

Ich möchte dich ferner ermutigen, diese Übung als Chance zu nutzen, deine inneren Haltungen genau zu betrachten und sie zu erweitern oder zu korrigieren, falls sie nicht mehr zur Realität passen, die du heute als Erwachsener wahrnimmst.

Wenn du diesen Schritt gemacht hast, solltest du dir folgende, sehr gegenwartsbezogene Frage stellen: Bis zu welchem Grad haben die kindlichen Lernerfahrungen mit deinem Vater deine Art beeinflusst, als erwachsener Mensch neue Informationen aufzunehmen?

Oft entwickeln wir in der Kindheit Lernblockaden, die uns im Erwachsenenalter schwer beeinträchtigen, wenn sie nicht gründlich bearbeitet werden. Wenn dein Vater dich zum Beispiel für dumm hielt und dir eingehämmert hat, dass du unfähig bist, bestimmte Dinge zu lernen, bist du wahr-

scheinlich diesbezüglich mit einem Gefühl der Unzuläng-
lichkeit aufgewachsen. Wenn dich dein Vater jedoch ehrlich und deinen Fähigkeiten entsprechend ermutigt hat,
konntest du dich neuen Herausforderungen stets zuversicht-
lich stellen.

*Überlege dir zuerst, ob dich dein Vater im Vergleich zu anderen
Kindern deines Alters für normal, unterdurchschnittlich oder über-
durchschnittlich intelligent hielt …*

*Denke an etwas, was du in den letzten Wochen oder Monaten
gelernt hast. Wie bist du an die Aufgabe, etwas Neues zu lernen,
herangegangen? Bist du sie so angegangen, wie dich dein Vater
gelehrt hat, neue Herausforderungen anzugehen? Oder lernst du
heute ganz anders, als es dein Vater tun würde? …*

*Macht dir der Lernprozess grundsätzlich Freude, hast du Spaß
daran, neue Fertigkeiten zu erwerben und neue Informationen
aufzunehmen, oder fällt es dir ganz allgemein eher schwer, etwas
Neues zu lernen? Und bis zu welchem Grad war die Beziehung
zu deinem Vater für diese Lernhaltung verantwortlich? …*

*Entspanne dich, stimme dich auf deine Atmung ein und achte
auf die Erinnerungen und Erkenntnisse, die sich einstellen …*

Strafen und Freuden

Vor 20 Jahren, als mein ältester Sohn noch ein kleiner Junge war, haben viele Eltern gemeint, es sei wichtig, mit ihren Kindern so nachgiebig und tolerant wie möglich umzugehen, ihnen nie etwas zu verbieten und sie auf gar keinen Fall mit einem Klaps oder Schlägen zu bestrafen. Die kleinen Knirpse brauchten auf die Gefühle und das Eigentum der Eltern nicht zu achten, sie konnten alles zerstören, was in ihrer Reichweite war, und stießen in ihrem Leben auf keine Widerstände und Grenzen.

Ich erinnere mich aber, dass ich als Vater dieser Auffassung von Elternschaft nicht ganz folgen konnte. Ich war ganz sicher kein Anhänger regelmäßiger Schläge zur Bestrafung der schlechten Taten eines Kindes. In den meisten Fällen hielt ich eine körperliche Strafe überhaupt nicht für notwendig. Gleichzeitig war ich aber nicht bereit, mein Kind grenzenlos aufwachsen zu lassen. Ich konnte tolerant sein und mich in der Beurteilung dessen, was mein Sohn tat, zurückhalten. Es gab in mir jedoch deutliche Grenzen, die zu verletzen ich meinem Kind nicht gestattete. So habe ich gegebenenfalls ein Machtwort gesprochen. Es gab mir ein gutes Gefühl, auf bestimmte Grenzen zu bestehen, innerhalb derer mein Sohn leben musste, wenn er mit mir leben wollte.

Es ist schwierig, über das Strafen Klarheit zu gewinnen, wenn wir in einer religiösen Welt von moralischem Gut und Böse gefangen sind, in der es gottgegebene Gesetze gibt, die wir befolgen müssen, weil wir sonst in Sünde und

Schuld fallen und vom Himmel herab bestraft werden. Ein Vater, der nicht moralischen Zwängen unterliegt, kann auf das Tun eines Kindes einfach reagieren und ein gewisses Verhalten, das der aktuellen Situation der Familie nicht zuträglich ist, unterbinden. Das Kind braucht für Handlungen, mit denen es das Familienleben stört, nicht mit moralischer Schuld belastet zu werden. Es braucht nur eine klare Anweisung, die störenden Handlungen zu unterlassen. Vater und Sohn können solche Konflikte unschwer bewältigen, denn schließlich ist der Vater größer und älter, er trägt die Verantwortung und dominiert in der Familie, verglichen etwa mit einem Dreijährigen.

Wenn aber ein Vater die Handlungen eines kleinen Kindes als sündig empfindet, als Verstoß gegen die Heilige Schrift – dann sei auf der Hut! Strafe wird dann tatsächlich zu einem Schrecken, weil hier Vorstellungen von Erwachsenen in den unschuldigen Kopf eines Kindes projiziert werden, das noch nicht begreifen kann, was gut ist und was schlecht. Ist sich der Vater über den Bewusstseinsstand des Kindes nicht im Klaren, wird er es behandeln wie einen Erwachsenen, der moralisch-religiöse Regeln verletzt.

Das ist dem kleinen Kind gegenüber natürlich völlig unangebracht. Und doch ist genau das den allermeisten Kindern widerfahren, besonders in früheren Zeiten: Sie wurden streng bestraft, und zwar nicht nur für ihre Taten, sondern für die projizierte sündige Absicht dahinter. Und da dem Vater oft die schreckliche Rolle des Strafvollstreckers zugeordnet wurde, entstand eine tiefe Kluft zwischen ihm und seinen Kindern.

Welchen Strafen oder disziplinarischen Maßnahmen warst du unterworfen? ... Halte einen Moment inne, lege das Buch zur Seite,

atme in deine Gefühle hinein und lass die verschiedenen Erinne-
rungen an Zeiten zu, als du für etwas, das du gesagt oder getan
hast, bestraft wurdest. Lass das Gefühl wieder in dir aufleben, das
du deinem Vater gegenüber hattest, als er dich bestrafte …

Achten wir nun darauf, ob dich dein Vater nur gemaß-
regelt hat, um dir bestimmte Grenzen zu setzen, oder ob er
dich auch bestrafte, um dich die religiöse Bedeutung von
Gut und Böse zu lehren.

Hat er dich bestraft, damit du dich schuldig fühlst für deine Tat
und um dich zu lehren, dass dir etwas Schreckliches passiert, wenn
du böse Sachen machst? … Hielt er es für seine väterliche Pflicht,
dich diese Dinge zu lehren? …

Wie hat sich dein Vater Gott vorgestellt? Hat er geglaubt, Gott
beobachte vom Himmel herab jede Tat und jeden Gedanken und
sei bereit, jedes falsche Tun zu bestrafen? War dein Vater ein
Mann, der selbst Schuldgefühle mit sich herumtrug? Nimm dir
Zeit, über diese Frage nachzudenken …

Die Psychologie von Schuld und Strafe ist eine recht
komplizierte Sache, mit der ich mich jahrelang intensiv
beschäftigt habe, weil ich glaube, dass Schuldgefühle heutzutage eine der Hauptursachen für emotionale und psychische Störungen sind. Therapeutinnen und Therapeuten
müssen vielen Menschen helfen, sich von chronischen
Schuldzuweisungen zu befreien, die jede Hoffnung auf
klares Denken und positive Gefühle zerstören.
Was meinst du, was dein Vater, wenn er eines Tages in
meine Praxis käme, in seinem Inneren an Schuld und
Selbstvorwürfen hinsichtlich seiner eigenen sündigen Taten

und Gedanken entdecken würde? Quälten ihn immer wieder Gedanken über Schuld und Reue oder hatte er damit keine Probleme?

Männer, die ihre Kinder allzu streng bestrafen, sind meist vom Gefühl ihrer eigenen Schuldhaftigkeit und sündigen Natur besessen. Sie projizieren dieses Gefühl auf ihre Kinder und versuchen das Schlechte aus ihren Kindern herauszuprügeln, und zwar mit der gleichen Grausamkeit, die sie selbst zu verdienen glauben. Es ist tragisch, wenn ein Vater mit diesen Vorgaben versucht, Kinder zu erziehen.

Wenn du gerade selbst eigene Kinder erziehst, hoffe ich, dass dir diese Diskussion hilft, deinen Antrieb, Kinder zu bestrafen, zu überdenken und zu überlegen, aufgrund welcher Überzeugungen oder Erfahrungen dies geschieht.

Väter – und natürlich auch Mütter – können Kindern eine Reihe verschiedenster Strafen verpassen. Da ist einmal das einfache Abblocken einer Handlung des Kindes durch Worte oder Handlungen der Eltern, das Unterbinden von unannehmbarem Verhalten. Das ist keine Bestrafung im moralischen Sinn, sondern eine Sache von Verhaltenskontrolle und Grenzensetzen. Belohnungen und Bestrafungen können im Laufe des Heranwachsens immer eingesetzt werden, um damit kindliches Verhalten zu verändern und zu konditionieren.

Die nächste Art von Bestrafung ist die eingangs besprochene, bei der ein Kind auf die eine oder andere Weise verletzt wird, weil es gegen einen allumfassenden religiösen Verhaltenskodex verstößt. Es wird nicht nur bestraft, sondern ihm wird mit ewiger Verdammnis gedroht. Im Inneren des Kindes bildet sich ein dauerhaftes Schuldgefühl, und fortan fühlt es sich schuldig, selbst wenn der Vater nicht körperlich anwesend ist, um zu drohen und zu strafen. Das

Schuldgefühl selbst wird so zum Hauptkontrollinstrument über sündige Regungen.

Eine dritte Form von Bestrafung, die nicht unbedingt spirituelle Drohungen enthalten muss, gründet auf der traditionellen Überzeugung, dass unerwünschte Handlungen streng geahndet werden müssen, damit das Kind nicht zu einem unverantwortlichen, eingebildeten oder schwachen Erwachsenen wird. Der alte Grundgedanke »Wer die Rute spart, verzieht sein Kind« ist in weiten Teilen unserer Gesellschaft noch lebendig. Die Auffassung, die Welt da draußen sei hart, hat zur Folge, dass Kinder – insbesondere Jungen – lernen müssen, hart und stark zu sein, um zu überleben und sich Respekt zu verschaffen. Man meint, das Kind mit militärischer Strenge bestrafen zu müssen, damit es Stärke entwickelt, was das Kind aber meist als gemein und ungerecht empfindet. Viele Eltern, besonders Väter, betrachten strenge Strafen als einzige Möglichkeit, das Kind unter Kontrolle zu halten und die väterliche Autorität zu wahren. Wenn ein Vater sich rückblickend als rebellisches Kind einschätzt, denkt er wahrscheinlich so.

Eine weitere Form von Bestrafung ist die Drohung mit Liebesentzug. Diese Technik braucht keinerlei religiösen Überbau. Sie ist eine direkte Drohung mit dem Abbruch des familiären Bandes zum Kind. Verlassen zu werden ist eine Urangst, die Kinder um jeden Preis vermeiden wollen; allein gelassen zu sein in der Welt ist für ein Kind, das sich noch nicht vorstellen kann, allein überleben zu können, gleichbedeutend mit dem Tod. Deshalb ist die Drohung mit Liebesentzug die grausamste und »wirkungsvollste« aller Strafen.

Es gibt noch eine andere Art von Bestrafung, die nicht auf irgendeiner Philosophie der Kindererziehung oder auf einer grausamen Manipulation von Gefühlen beruht, sondern auf der Unfähigkeit der Eltern, selbst auf Stresssituationen des Lebens angemessen reagieren zu können. Diese Form der Bestrafung ist meist spontan und kommt in verschiedenen Varianten vor – Schläge, verletzende Worte, strenge Strafen – so sie die Eltern als Kind selbst erlebt haben.

Fast alle Väter und Mütter »rasten« von Zeit zu Zeit »aus«. Eine der schwierigsten Aufgaben des Elternseins besteht darin, zu lernen, mit den eigenen Gefühlen angemessen umzugehen, um dem Kind nicht den Eindruck zu vermitteln, dass ihm die Liebe entzogen wird. Wenn Eltern emotional mit sich selbst nicht im Reinen sind, voller Groll, Frustration und Feindseligkeit und diese Gefühle beim geringsten Fehlverhalten des Kindes an diesem auslassen – dann gerät die Strafe unverhältnismäßig, und der Liebesentzug kann vom Kind als verheerend empfunden werden.

Wenn ein Kind jedoch das Persönlichkeitsrecht der Eltern verletzt, ist es völlig natürlich und normal, spontan wütend zu reagieren, obwohl dies vom Kind als Liebesentzug erfahren werden kann. Wut, klar und ehrlich ausgedrückt, ist eine sehr gute Form der Bestrafung und keineswegs die schlimmste, wie wir vielleicht meinen. Wenn ein Vater sich provoziert fühlt, wütend wird und nicht bereits innerlich mit Frustration, Schuld oder Aggression erfüllt ist, weist seine Wut dem Kind sehr schnell seine Grenzen. Dann findet ein Lernprozess statt, und das Verhalten kann sich zugunsten eines harmonischen Zusammenlebens verändern.

Wahrscheinlich strafte dein Vater nicht immer auf die gleiche Weise, außer er hatte vielleicht extreme religiöse oder fanatische Grundsätze. Bestrafung, wie jeder andere

Aspekt deiner Vaterbeziehung, hing von seinen verschiedenen Gefühlszuständen und den Belastungssituationen ab.

Lege nun eine Pause ein und erinnere dich an Situationen, als dein Vater wegen deiner Handlungen wütend wurde und dich bestrafte. Welche Strafen hat er eingesetzt? ... Einfache Strafen zur Verhaltensänderung? ... Moralisch gefärbte Strafen für deine sündige Übertretung göttlicher Gebote? ... Strenge Strafen, um Macht über dich zu haben und dich abzuhärten? ... Hat er dich mit Liebesentzug bestraft? ... Ist er manchmal ausgerastet und hat er dich schwerer bestraft, als du es zu verdienen glaubtest? ... Wenn er wütend war, war dann die Form seiner Bestrafungen angemessen? Hattest du das Gefühl, dass die Strafe von seiner jeweiligen Stimmung abhängig war?

Wir kommen nun zu deinen inneren Reaktionen auf die verschiedenen Arten der väterlichen Strafen. Welche Auswirkungen hatten diese Strafen auf deine Beziehung zu ihm? Wie haben sie sich auf deine Beziehungen zu anderen ausgewirkt, auf deine Haltungen bestimmten Menschen oder sogar der ganzen Gesellschaft gegenüber? Ich hatte in meiner Jugend einen Freund, dessen Vater einer von den Männern war, der seine Kinder regelmäßig verprügelte. Manchmal wurden mein Freund und ich dabei erwischt, wie wir gegen die Regeln verstießen und etwas Aufregendes, etwas Unanständiges, etwas Verbotenes taten. Das Fehlverhalten war meist gering, und meine Eltern bestraften mich leicht, wenn überhaupt. Mein Freund jedoch ging nach Hause, wartete darauf, dass seine Mutter den Vater informierte, dass er böse gewesen war an dem Tag, und bekam dann die gewohnte Tracht Prügel mit dem Gürtel, bis er fast nicht mehr gehen konnte. Es war entsetzlich.

Mein Kindheitsfreund hat sein ganzes Erwachsenenleben lang gegen jede Vaterfigur gekämpft, die ihm begegnet ist. Er betrachtet sich als edlen Banditen, der sich den ungerechten Gesetzen der Gesellschaft nicht unterwirft. Er sieht, wohin er auch blickt, nur negative gesellschaftliche Einschränkungen, und er scheut keine Mühe, sich gegen diese Einschränkungen aufzulehnen. Das Ergebnis ist, dass er sich oft außerhalb des Gesetzes bewegt und ein Leben lebt, in dem er nur laufend verletzt und bestraft wird. Das ist ein extremes Beispiel dafür, wie elterliche Bestrafung die Lebensperspektiven eines Kindes negativ beeinflussen kann.

Ein anderer extremer Fall ist das Kind, das nicht die persönliche Stärke hat, den Bestrafungen der Eltern innerlich gewachsen zu sein. Dieses Kind wird zwanghaft gehorsam, fürchtet sich vor jeder Strafe, wo immer sie herkommt, und ist oft nahezu besessen von moralischen Grundsätzen und Bravheit. Die völlige Übernahme der Gesetze der Gesellschaft, diese ständige Angst, bei einer schlechten Tat ertappt zu werden, ist ebenfalls ein bedauernswerter innerer Zustand eines Menschen. Wir schaden uns, wenn wir uns den auferlegten Vorschriften und Regeln wie Naturgesetzen unterwerfen und wenn wir fortwährend in der Angst vor Bestrafung leben. Gelegentlich erfordern unsere persönlichen Bedürfnisse, auf harmlose Art gegen das Regelwerk der Gesellschaft zu verstoßen.

Halte nun inne und denke an deine innere Haltung, die wahrscheinlich irgendwo zwischen diesen beiden Extremen angesiedelt ist. Wie würdest du dich beschreiben? Bist du so etwas wie ein James Dean, ein Rebell, der sich hin und wieder gegen Gesetze und gesellschaftliche Verhaltensnormen auflehnt, oder neigst du eher zu zwanghaftem Gehorsam, voller Angst, ein Stoppschild zu

übersehen, auch wenn weit und breit kein Auto in Sicht ist? ...
Achte bei der Betrachtung dieser prinzipiellen Frage auf deine
Gefühle ... Welche Bilder steigen in deinem Inneren auf, und
welche Erinnerungen mischen sich mit deinen Gefühlen? ...

Wenn du jetzt als Erwachsener Bestrafung provozierst und gegen
Regeln und Vorschriften ankämpfst, kannst du rückblickend fest-
stellen, wo du diese Grundhaltung entwickelt hast? ... Wen
bekämpfst du in Wirklichkeit? Wer hat dich als Erster entscheidend
dahin gehend geprägt, gegen Einschränkungen anzukämpfen, die dir
als kleines Kind oder Heranwachsender aufgezwungen wurden? ...

Wenn du das ungute Gefühl in dir herumträgst, etwas Falsches
zu tun und bestraft zu werden, kannst du die Quelle dieser
chronischen Angst fühlen? Vor wem hast du dich als Kind wirklich
gefürchtet? Sicher gab es neben deinem Vater noch andere Personen,
die in deinem Leben eine autoritäre Rolle spielten ... Rufe sie dir
alle in Erinnerung ... und achte darauf, wie sich deine Atmung
verändert, während diese Erinnerungen deine Gefühle beeinflussen ...

Wenn du feststellen musst, dass du dich an keine einzige
gute Zeit mit deinem Vater erinnern kannst, gib die Hoffnung nicht auf! Schau stattdessen regelmäßig zurück und
gehe all die schlechten Erinnerungen, die nach oben drängen, immer wieder durch. Oft haben wir so viele unterdrückte schlechte Erinnerungen an den Vater, dass wir uns
erst all diesen schmerzlichen Erfahrungen öffnen und sie
innerlich zulassen müssen, bevor wir auf gute Erinnerungen stoßen. Dieser Prozess braucht Zeit und Mut, kann
aber am Ende reich belohnt werden. Wenn dir solche
Ausflüge in die Erinnerung schwer fallen, rate ich dir, nach
einem guten Therapeuten zu suchen, der dir bei der

Erforschung deiner Vergangenheit und deines heutigen Lebens zur Seite steht.

Wenn einmal die schmerzlichsten Dinge, die du mit deinem Vater erlebt hast, erforscht worden sind, kannst du dich schließlich um eine ausgewogenere Sicht der Beziehung zu ihm bemühen. Dann können wir die erfreulichen Erfahrungen betrachten, die du mit deinem Vater gemacht hast, und wie es ihm gelang, dass du dich gut, sicher und geschätzt fühltest.

Es ist so leicht, ein Baby glücklich zu machen. Als ich eben meine Arbeit für ein paar Minuten unterbrach, traf ich meinen knapp einjährigen Sohn spielend auf dem Boden des Wohnzimmers an, während seine Mutter in der Küche beschäftigt war. Ich ging den Flur entlang und sah ihn auf einer Decke sitzen. Mein Anblick allein genügte, um ihn zum Lachen zu bringen. Ich hob ihn hoch, machte Musik an und tanzte ein paar Minuten mit ihm herum, einfach so zum Spaß. Er schien hell entzückt zu sein von der Bewegung und dem Gefühl der Nähe, von Papa Bär gehalten zu werden. Als ich ihn wieder absetzte, einen Teller mit Bananen- und Apfelstückchen holte und ihm ein Stück Banane gab, strömte er über vor Freude, dass er so etwas Köstliches zu essen bekam. Die meisten kleinen Kinder sind so leicht zufrieden zu stellen.

Welches Grundgefühl hast du deinem Vater gegenüber, wenn du dich an etwas erinnern sollst, was dir gut getan hat? Viele Leute tragen diesbezüglich recht negative Gefühle über ihre Väter mit sich herum. Sie glauben, es habe zwischen ihnen niemals irgendeinen reinen Spaß gegeben. Und manchmal war es tatsächlich so. Wenn der strafende Aspekt der Vater-Kind-Beziehung überwiegt, kann sich der vergnügliche Aspekt zwischen ihnen nur schwer entwickeln.

In den allermeisten Vater-Kind-Beziehungen waren jedoch beide Aspekte im Gleichgewicht, besonders in den ersten Jahren – an die man sich leider aber am schwersten erinnert. Als wir älter wurden und ernstere Konflikte auftauchten, gingen die Erinnerungen an die guten Zeiten verloren und wurden unter jugendlicher Auflehnung und gegenseitigen Feindseligkeiten begraben.

Ich möchte dich ermutigen, in den nächsten Tagen, Wochen und Jahren zurückzublicken und herauszufinden, welche Erinnerungen an gute Zeiten mit deinem Vater in dein Bewusstsein dringen. Mir kommt mein Großvater in den Sinn und wie er im hohen Alter anfing, sich immer mehr an die guten, alten Zeiten zu erinnern und an die schönen Augenblicke, die er mit seinem Vater erlebt hatte. Augenblicke, auf die er sich in seinem ganzen Erwachsenenleben nie besonnen hatte, bis das Alter und eine gewisse Senilität seine starre Haltung lösten und er seine Kinderfreuden wieder aufleben lassen konnte.

Mir wird manchmal vorgeworfen, ich forderte meine Klientel auf, bereits in jüngeren Tagen ein wenig »Senilität« zu entwickeln. Es stimmt, dass ich dringend empfehle, täglich ein paar Minuten in frühen Kindheitserinnerungen zu schwelgen. Ich bin davon überzeugt, dass Senilität zu einem großen Teil nicht nur eine genetische Gehirnkrankheit ist, sondern letztlich vom Verlangen herrührt, die Ernte aller guten Zeiten der Vergangenheit einzufahren. Wenn uns das regelmäßige Erinnern an gute Zeiten nicht möglich ist, werden wir, als Reaktion auf lebenslang abgeblockte Erinnerungen, vielleicht allzu früh senil. Das ist nur eine Theorie, aber immerhin eine bedenkenswerte Möglichkeit, denn wir kennen noch nicht alle Folgen, die eventuell durch unterdrückte Erinnerungen hervorgerufen werden.

Was wir jedoch wissen, ist, dass es der Gesundheit dient und das Wohlbefinden steigert, wenn wir uns jeden Tag etwas Zeit nehmen, um uns an mindestens eine gute Begebenheit in der Vergangenheit zu erinnern. Solche Erinnerungen heben die Stimmung und bringen Glücksmomente. Um diesen Zustand zu erhalten, müssen wir aber die Erinnerung jeden Tag wieder auffrischen.

Ich empfehle dir deshalb nachdrücklich, beim Lesen und Benutzen dieses Buchs regelmäßig Pausen einzulegen, zurückzublicken und dich an gemeinsame glückliche Zeiten mit deinem Vater zu erinnern. Denke an Zeiten, in denen dein Vater seine Freude an dir hatte und du deine Freude an ihm; als es eine starke Verbindung aus Liebe, Spaß und Glücklichsein zwischen euch gab. Diese Erinnerung wird dir helfen, die fehlenden Teile im heutigen Bild deines Vaters zu finden, und dir zeigen, was für ein Mensch er war. Sie wird falsche Eindrücke gerade rücken und die Verbitterung mildern, die eurer Beziehung geschadet hat.

Um ein neues, ausgewogenes Bild deines Vaters zu entwickeln, solltest du dir Zeit geben und dich einem Prozess überlassen, der ganz natürlich abläuft, wenn du jeden Tag einige Minuten über deinen Vater und über die Möglichkeit nachdenkst, eure Beziehung zu verändern.

Nimm dir nun Zeit, über die Erinnerungen nachzudenken, wie sie dir in den Sinn kommen. Lege das Buch zur Seite und atme in deine Gefühle ... Gestatte dir den Gedanken, dass es glückliche Augenblicke gab, auch wenn du dich noch nicht daran erinnerst ... Stell dir vor oder spüre, wie ein Gefühl von Herzenskontakt zwischen Vater und Kind entsteht ...

Wichtige Auseinandersetzungen

Ich habe einen guten Freund, der seinen Vater etliche Jahre nicht gesehen hat und heute noch, im Alter von 32 Jahren, innerlich mit Streitgesprächen ringt, die er vor 15 Jahren mit seinem Vater hatte. Mein Freund Tom wuchs in der Zeit des Vietnamkriegs auf und war in den späten 60er-Jahren auf dem College zu einem recht radikalen Hippie geworden; er war in der Antikriegsbewegung aktiv und selbstverständlich Wehrdienstverweigerer.

Sein Vater wiederum war im Zweiten Weltkrieg Pilot gewesen. Er hatte die meisten seiner Freunde im Krieg verloren und war der Überzeugung, dass es die Pflicht junger amerikanischer Männer sei, die Demokratie zu verteidigen, wo immer sie bedroht ist.

Vater und Sohn hatten sich früher sehr nahe gestanden. Dann war diese Intimität durch den Konflikt über diesen neuen Krieg plötzlich wie abgeschnitten. Der eine hielt den Krieg für notwendig und richtig, während ihn der andere nicht nur für überflüssig, sondern darüber hinaus auch noch für schlecht hielt.

Nach einem Jahr äußerst schmerzlicher und heftiger verbaler Auseinandersetzungen warf der Vater seinen Sohn schließlich aus dem Haus und hieß ihn erst zurückkommen, wenn er seine Haare geschnitten, seine vaterländische Pflicht erfüllt und sich der Verantwortung eines erwachsenen Mannes gestellt hätte.

Fünf Jahre lang, die er wegen Wehrdienstverweigerung teilweise im Gefängnis verbrachte, sah Tom seinen Vater überhaupt nicht. Als er dann wieder nach Hause kam, mit seiner Frau und seinen Kindern, war der Kontakt zwischen ihm und seinem Vater recht oberflächlich. Beide litten noch an den tiefen Wunden aus dem Vietnamkonflikt. Jahrelang war der Besuch bei seinen Eltern nichts weiter als eine Pflichtübung, der er sich einmal im Jahr auf Drängen seiner Frau unterzog.

Vor zehn Jahren ungefähr bekam Tom dann gesundheitliche Probleme, und ich fing an ihn zu besuchen, halb als Freund, halb als Psychologe. Er litt offensichtlich an chronischen körperlichen Verspannungen, konnte nachts nicht schlafen und hatte fortlaufend Konflikte am Arbeitsplatz. Mit seiner Frau gab es immer öfter Streit, und er war ganz generell mit seinem Leben unzufrieden.

In den Sitzungen rührten wir sehr schnell an seine Gefühle aus der Kindheit und begegneten bei jedem noch so flüchtigen Gedanken an seinen Vater einer massiven emotionalen Spannung. Ich führte ihn durch mehrere Sitzungen, in denen er diese Spannung abbauen und die Wut gegen seinen Vater an mir als Ersatzvater austoben konnte. Diese Therapie hat ihm tatsächlich geholfen. Sein Körper entspannte sich, er schlief besser und die Arbeit, die vorher auf seinen Schultern gelastet hatte, wurde zu einer spannenden Herausforderung. Nach einigen Paarsitzungen mit seiner Frau stellte er fest, dass der alte Konflikt mit seinem Vater die Feindseligkeit gegenüber seiner Frau geschürt hatte.

Es stellte sich heraus, dass es bei den Streitigkeiten mit seinem Vater nicht nur um den Krieg ging, sondern auch um andere Überzeugungen. Tom hatte in seinen Collegejahren eine Zeit, in der er extrem antikapitalistisch eingestellt war und seinen Vater beschuldigte, vom ungerechten amerikanischen Wirtschaftssystem zu profitieren. Darüber hinaus hatte Tom auch noch den christlichen Glauben seines Vaters attackiert, indem er behauptete, es wäre sicher nicht im Sinne von Gott, nach Vietnam zu gehen und Frauen und Kinder im Namen von Demokratie und Kapitalismus zu töten.

Außerdem rauchte Tom auch noch Marihuana, hatte sogar ein paar Mal LSD genommen. Als er das seinem strikt gegen Drogen eingestellten Vater mitteilte, ging dieser an die Decke und warf seinen 20-jährigen Sohn aus dem Haus. Es schien keine Lösung zu geben für so viele Konflikte auf einmal.

Viele Tausende, ja vielleicht Millionen amerikanische Familien mussten sich in Toms und meiner Generation mit diesem Grundszenario auseinander setzen. In jeder Generation kommen Primärkonflikte auf, die Familien auseinander reißen und Väter und Söhne in Streitereien drängen, die sie aus eigener Kraft nicht lösen können. Töchter machen ähnliche Erfahrungen.

Viele Kinder durchlaufen im Alter von etwa drei bis fünf Jahren einen Machtkampf mit ihren Vätern, und in vielen Fällen geht es dabei unbewusst auch um den ersten Platz bei der Mutter. Selbst bei meinem noch nicht einjährigen Baby muss ich mich immer wieder gegen manche seiner Ansprüche wehren. Die Konflikte beginnen früh und setzen sich, einer nach dem anderen, die ganze Schulzeit hindurch fort.

Von der beruflichen Seite her ist mir der große Wert dieser Konflikte natürlich klar. Alle kleinen Kinder müssen erst die Grenzen ihrer Umgebung, gesellschaftliche und andere Grenzen, am eigenen Leib spüren, damit sie sich nicht dauernd in gefährliche Situationen bringen. Außerdem führt das Aufeinanderprallen zweier Willenskräfte dazu, dass sich zum einen das Gefühl für Individualität, zum anderen das für Gemeinschaft entwickeln kann. Konflikte erfüllen beim Wachsen und Reifen eines Kindes somit einen wichtigen Zweck.

Konflikte von Jugendlichen sind Ausdruck dessen, erwachsen zu werden, von zu Hause wegzugehen und als unabhängiger, erwachsener Mensch zu leben, der allein zurechtkommt und bereit ist, eine eigene Familie zu gründen. Das ist die Grunddynamik des menschlichen Fortbestands auf dieser Erde. Kinder müssen lernen, eigenständige Individuen zu werden, während sie gleichzeitig ein Teil der Familie bleiben.

Das Erwachsenenleben meines Freundes Tom war ein heilloses Durcheinander, weil er auf dem Weg zu einem eigenen, unabhängigen Selbst das Gefühl des Herzenskontakts mit seinem Vater verloren hatte. Ebenso schmerzlich ist das Los erwachsener Kinder, denen es nie gelingt, das elterliche Nest tatsächlich zu verlassen, und die deshalb lebenslang nie richtig frei werden.

Es wurde klar, dass Tom zu seinen Eltern gehen musste, allein, ohne Frau und Kinder, um seine Gefühle mit dem Vater aufzuarbeiten. Ein schwieriger Aspekt einer solchen Begegnung kann darin bestehen, dass der Sohn oder die Tochter durch eine Zeit inneren Wachstums gegangen und zur Lösung eines alten Konflikts bereit ist, während der Vater diese Vorbereitungsphase zur Versöhnung nicht durchlaufen hat. Es kann aber auch andersherum sein, dass der Vater innerlich gewachsen ist, Sohn oder Tochter jedoch nicht.

Tom machte sich jedenfalls allein auf den Weg, um eine Woche bei seinen Eltern zu verbringen. Ich wartete etwas unsicher auf seine Rückkehr. Wieder zu Hause, war aus ihm in vieler Hinsicht ein neuer Mann geworden. (Sein Vater hatte übrigens einen Herzinfarkt erlitten, kurz nachdem er Tom in den Kriegsjahren aus dem Familienkreis verstoßen hatte, und Tom fürchtete immer, mit einem Streit eine neue Herzattacke auszulösen. Das hatte die Unfähigkeit von Vater und Sohn verstärkt, einander als Erwachsene zu konfrontieren und die Gefühle füreinander zu bearbeiten.)

Bei diesem Besuch hatte Tom sich jedoch vorgenommen, nicht mehr hinzunehmen, dass sich sein Vater den Rest seines Lebens hinter Herzproblemen versteckte. Und es stellte sich heraus, dass sich Toms Mutter vor einem neuen Herzinfarkt fürchtete, nicht sein Vater. Am ersten Abend zu Hause gab es Streit über eine Nichtigkeit, bei dem bei beiden Männern die alten Ressentiments wieder hochkamen. Sie hatten einige Flaschen Bier getrunken und wollten schon aufeinander losgehen, aber die Mutter spielte ihre gewohnte Rolle und erregte sich über den Streit zwischen ihren beiden Männern. Sie schrie Tom an und befahl ihm, das Haus zu verlassen, wenn er die Ansichten seines Vaters nicht respektieren und auf sein Herz keine Rücksicht nehmen könne.

Doch da unterbrach Toms Vater das alte Spiel, indem er seine Frau anschrie und ihr sagte, sein Sohn sei wichtiger als jedes Herzproblem. Sie solle bitte den Raum verlassen und sie beide ihren Streit allein ausfechten lassen.

Was sich in den nächsten paar Stunden abspielte, hätte, so wie Tom es mir beschrieb, ein ausgezeichnetes dramatisches Bühnenstück abgegeben. Um es kurz zu machen: Beide Männer überließen sich ihrer alten Wut, ihren Verletzungen, Abneigungen und Vorurteilen, bis sie einander gegenüberstanden und sich mit drohenden Fingern auf die

Brust wiesen. Als sich ihr Schmerz nicht mehr länger unterdrücken ließ, machten sie ihren Gefühlen mit den Fäusten Luft, und zum ersten Mal in ihrem Leben brach ein echtes Handgemenge zwischen ihnen aus, das nicht zu stoppen war.

Als mir Tom diese Geschichte in der Woche darauf erzählte, strahlten seine Augen, und er grinste halb schuldbewusst, halb vergnügt. Es sei so ein gutes Gefühl gewesen, seinem Vater nach all den Jahren einen Schwinger zu versetzen, sagte er. Und von seinem Vater geschlagen zu werden hatte sich auch gut angefühlt. Sie haben einander beim Abreagieren ihrer vergrabenen Feindseligkeiten zwar keinen bleibenden Schaden zugefügt, sich aber doch die Nasen blutig geschlagen und blaue Augen verpasst.

Dann aber, an einem bestimmten Punkt des Kampfs, als sie heftig schnauften und ganz außer Atem waren, umarmten sie sich plötzlich innig. Tränen flossen über die Gesichter der beiden erwachsenen Männer, die nun ihre Herzen öffnen und nach all den Jahren schmerzlicher Trennung den Strom echter Liebe zwischen sich wieder fühlen konnten.

Konflikte rufen nach Lösungen. Manchmal dauert es so lange wie bei Tom und seinem Vater. Ich erzähle diese extremere Geschichte, weil es manchmal der Extreme bedarf, damit es zu einer echten Lösung kommt. Tom hätte viele seiner negativen Gefühle auch in den Therapiesitzungen durcharbeiten können. Ich habe mit vielen Klienten gearbeitet, deren Väter verstorben waren, noch bevor es zu einer Lösung kam. Tom jedoch, dessen Vater 500 Meilen weit entfernt wohnte, musste hingehen, sich mit dem Mann aus Fleisch und Blut auseinander setzen und sehen, ob sich wieder eine Herzensverbindung herstellen ließ, um welchen Preis auch immer.

Viele wichtige Konflikte mit Vätern liegen uns als Erwachsene immer noch schwer im Magen. Wir sind erwachsen geworden, wir sind aus dem Nest geflogen, und doch kämpfen wir innerlich noch mit unseren Vätern. Dies ist besonders problematisch, wenn Vater und erwachsenes Kind weit entfernt voneinander leben, was in unserer modernen Gesellschaft oft der Fall ist. Wenn du deinem alten Herrn jeden Tag begegnest, weil du im gleichen Dorf wohnst, in den gleichen Geschäften einkaufst, in die gleiche Kirche gehst und vielleicht im gleichen Lokal etwas trinkst, hast du bei jeder Begegnung die Möglichkeit, Spannungen abzubauen und dich von alten Diskussionen und Kämpfen zu befreien.

Wenn du aber viele Kilometer von deinem Vater entfernt lebst, fällt es oft sehr schwer, Konflikte aus der Jugendzeit zu lösen. Das ist ein ernstes Problem in unserer Gesellschaft, auch wenn es uns oft nicht bewusst ist. Oft ist es unmöglich, dort Arbeit zu finden, wo wir aufgewachsen sind, und Eltern zieht es im Rentenalter manchmal weg in ein angenehmeres Klima.

Nimm dir nun etwas Zeit und denke über deine Konflikterfahrungen mit dem Vater nach … Mach eine Pause, lege das Buch weg, achte auf deinen Atem und deine Gefühle und lass die ins Bewusstsein drängenden Erinnerungen an Kämpfe mit deinem Vater zu … Denke besonders an deine Jugendjahre, als du um deine Unabhängigkeit gerungen hast, um Eigenständigkeit …

Ich schlage dir nun vor, Schreibzeug zu holen und noch eine Liste anzulegen, diesmal von den wichtigsten Konflikten, die du in deiner Jugend mit deinem Vater oder deiner Vaterfigur hattest. Beginne mit den wichtigsten Krächen, etwa ab dem zehnten

Lebensjahr, noch vor der Pubertät. Betrachte dann die Konfronta-
tionen in der frühen Pubertät, als deine Sexualität erwachte und
dich in einen aufmüpfigen Teenager verwandelte. Betrachte dann
den einen oder anderen schulischen Konflikt, den du mit deinem
Vater hattest. Und schließlich: Welche Kämpfe haben getobt, als
du von zu Hause weggegangen bist, um deine erste Stelle anzutre-
ten oder auf die Hochschule zu gehen?

Jetzt hast du eine Liste, die du bearbeiten und gründlich
bedenken kannst. Schreibe nicht nur die großen, sondern auch
unwichtigere Konflikte auf, kleinere Auseinandersetzungen und
Meinungsverschiedenheiten, die es zwischen euch beiden gab ...
Rufe dir diese Ausbrüche wieder ins Gedächtnis und gestatte dir,
alles zu fühlen, was dabei hochkommt ...

Wenn du nun einige Zeit damit verbracht hast, diese
Liste zu schreiben und dich mit den Gefühlen zu befassen,
die sich mit den Erinnerungen einstellen, solltest du sie in
den nächsten Wochen noch einmal in Ruhe durchgehen.
Betrachte jeden Konflikt, frage dich, ob er gelöst wurde
oder ob du wegen dieser unverheilten Wunde immer noch
negative Gefühle gegen deinen Vater hegst.

Es ist auch wichtig zu spüren, wie dein Herz auf Erinnerungen an bereits gelöste Konflikte reagiert. Setze dich mit
dem Gefühl der erfolgten emotionalen Heilung in Verbindung und erkenne es an. Durchlebe noch einmal die Mo-
mente, als es zu einer Lösung kam, entweder mit dem Vater
persönlich oder nur in deinem Herzen. Durch diese Art des
Nachdenkens kannst du lernen, wie die emotionale Heilung
tatsächlich abläuft. Das ist eine der großen Lehren des
Lebens, die uns immer beschäftigen werden. Wenn uns
jemand verletzt, wenn wir streiten und das Herz gegen
jemanden verschließen, wie schaffen wir es dann, diese Kluft

zu überbrücken, unsere Herzen wieder zu öffnen, zu akzeptieren, zu vergeben und wieder zu lieben?

Erinnere dich an einen Konflikt mit deinem Vater, der gelöst wurde, und rufe dir ins Bewusstsein, wie die Lösung zustande kam … Bleibe bei den Gefühlen, die sich dabei einstellen …

Erinnere dich nun an einen Konflikt mit deinem Vater, der nicht vollständig gelöst wurde. Das kann ein großer oder kleiner Konflikt sein. Atme in das Gefühl hinein, das du während des akuten Streits gespürt hast, durchlebe ihn noch einmal …

Nimm nun innerlich Abstand und versuche dir den Raum vorzustellen, in dem du mit deinem Vater streitest. Sieh euch als Schauspieler auf einer Bühne und stell dir eine Szene vor, bei der ihr beide einen Konflikt bearbeitet. Was müsste passieren, damit der Konflikt gelöst wird? Wie könnten die Wunden geheilt und der Kontakt zwischen euch wiederhergestellt werden? …

Eine Möglichkeit wäre, dass dein Vater deinen Standpunkt anerkennt, deine Gefühle versteht und dir eine andere, eine eigene Meinung zugesteht. Wenn auch du ihm eine andere Meinung zugestehst und dich ihm immer noch nahe fühlst, dann ist der Streit vorbei und erledigt. Ihr habt euch als getrennte Individuen mit je eigenen Gedanken gesehen. Wenn du aufgeschlossen genug bist, kannst du diese neue Akzeptanz genießen. Du hast ein neues Gefühl der Distanz entwickelt, notwendigerweise, weil du andere Lebensansichten hast, gleichzeitig aber ein neues Gefühl der Nähe gefunden. Das ist eine der wichtigsten Wachstumserfahrungen zwischen Vater und erwachsenem Kind.

Eine andere Möglichkeit der Lösung von Konflikten oder Meinungsverschiedenheiten besteht darin, dass einer von euch innerlich reift und merkt, dass er die Realität tatsächlich nicht so klar und deutlich sieht wie der andere. Oft stellen Vater und erwachsenes Kind nach einer Weile fest, dass die eigene Meinung oder Interpretation objektiv nicht ganz korrekt war. In einer weiteren Konfrontation, bei der sie sich die neuen Einsichten über alte Probleme mitteilen, werden die Differenzen dann geklärt, und die beiden Sichtweisen der Realität kommen einander näher.

Wie können zwei Menschen ihre Meinungsverschiedenheiten beilegen und das Gefühl von Akzeptanz und Intimität wiedergewinnen?
Halte inne, denke wieder an irgendeinen früheren Konflikt mit deinem Vater und nimm dabei die distanzierte Perspektive eines neutralen Beobachters ein. Stell dir vor, du siehst die Szene mit euch beiden aus einigem Abstand ... Lenke nun die Szene so, dass es zu einer Lösung kommt ...

Bei Konflikten fühlen sich meist beide Beteiligten von den Handlungen oder Haltungen des anderen bedroht. Hast du verstanden, warum sich dein Vater durch deine jugendlichen Verhaltensweisen bedroht gefühlt hat?

Ich möchte dieses Kapitel mit dem Vorschlag abschließen, die Liste mit den Konflikten, die du mit deinem Vater gehabt hast, noch einmal durchzugehen und bei jedem einzelnen zu überlegen, ob du jetzt verstehen kannst, warum dein Vater damals so reagierte. Kannst du aus deiner heutigen, reiferen Perspektive heraus nachfühlen, wie er auch mit seinen eigenen Gefühlen kämpfte, nicht nur mit deinen? Kannst du aus diesem neuen Verständnis so viel Mitgefühl ableiten, um ihm zu vergeben, wenn er etwa engstirnig oder ungerecht war? Versuche dein Herz zu öffnen und alte Spannungen und Streitpunkte, die heute noch trennend zwischen euch stehen, abzulegen.

Den Vater hinter sich lassen

Auf den ersten Blick mag die Überschrift dieses Kapitels recht herzlos erscheinen. Müssen wir auf dem Weg zum reifen Erwachsenen tatsächlich den Vater hinter uns lassen?

Die unvermeidlichen Konflikte, die wir in den letzten Kapiteln untersucht haben, erfüllen eine psychische oder zumindest eine psychologische Funktion, die für den Reifungsprozess unserer Persönlichkeit offenbar unerlässlich ist. Bis diese Entwicklung offensichtlich geworden ist, braucht es Zeit. Ich hoffe, dass wir alle im Laufe des Lebens unsere Väter hinter uns lassen, um zu innerlich wirklich unabhängigen Persönlichkeiten zu werden. Ist dieses Gefühl der Eigenständigkeit einmal gewonnen, treten wir in eine neue Phase ein, in der wir eine neue Beziehung mit unserem Vater aufbauen, nämlich als zwei selbständige und doch liebevoll miteinander verbundene Erwachsene.

Meist findet dieser Ablösungsprozess von zu Hause im Alter zwischen 15 und 25 Jahren statt. Manche Menschen fassen den endgültigen Entschluss, von dem in diesem Buch die Rede ist, erst später im Leben, und manche scheinen ihn nie richtig zu fassen. Andererseits geht dieser Prozess bei einigen Kindern, die ungewöhnlich gute Beziehungen zu ihren Vätern haben, so glatt vonstatten, dass es keine Konfliktperioden und keine Zeit der bewussten Distanzierung zu geben scheint.

Als Kinder leben wir zum größten Teil in der Bewusstseinswelt unserer Familie. Selbst wenn wir unser Familienleben nicht recht mögen, fühlen wir uns ihm verbunden, weil unsere Identität mit der Identität der Familie eng verwoben ist. Kinder haben ihr Lebenszentrum in der Familie und nirgendwo anders, denn nur hier kann das Kind überleben. Kinder brauchen ihre Eltern zum Überleben, weil sie anfangs nicht für sich selbst sorgen können.

In den ersten Jahren gewinnt ein Kind sein Identitätsgefühl durch die Identifikation mit den Eltern. Manchmal wird dieses Gefühl der Identität durch liebevolle Gefühlsverbundenheit gewonnen: durch das Gefühl, mit den Eltern emotional und kognitiv eins zu sein. Manchmal wird das Gefühl der familiären Zugehörigkeit jedoch durch genau entgegengesetzte Ereignisse, nämlich durch Konflikte, intensiviert.

Das Gefühl der Zugehörigkeit ist für die Entwicklung unseres Ich-Gefühls so entscheidend, dass Kinder immer einen Weg finden, sich mit den Eltern zu verbinden, selbst wenn Eltern die Nachhaltigkeit dieses Gefühls erschweren. Kurz gesagt: Es ist ganz natürlich, dass wir das Bedürfnis haben, uns geliebt und mit unserer Familie verbunden zu fühlen, selbst wenn wir zu neurotischen Haltungen und Gefühlen gezwungen werden, um dieses Urgefühl der Zugehörigkeit zu erlangen.

Nimm dir nun ein wenig Zeit, blicke zurück und erinnere dich an das Zusammengehörigkeitsgefühl mit deiner Familie. Vielleicht war es recht schwierig, dieses Gefühl zu bekommen, vielleicht war es ganz einfach für dich … Lass die Gefühle und Erinnerungen aufsteigen, atme in diese Gefühle hinein, damit sich die Erinnerungen vertiefen …

Das Leben ist, wie wir alle wissen, nicht statisch, sondern wandelt sich immer. Kaum meinen wir, ein neues, endgültiges Ich-Gefühl erreicht zu haben, bewegt sich der Boden unter unseren Füßen und führt uns in eine neue Lebensphase mit neuen Herausforderungen, die uns zwingen, alte Auffassungen abzulegen.

Das geschieht bei den seelischen Erschütterungen in unserer Jugend, wenn wir das Gefühl der Familienzugehörigkeit und -identität aufgeben müssen und uns allein in die Welt hinauswagen. Es gibt, wie bereits gesagt, einen recht pragmatischen Grund für dieses Heraustreten aus dem Kreis der Familie. Um unser volles menschliches Potenzial zu erkennen, müssen wir erwachsen werden. Für die meisten Menschen bedeutet die Erfüllung dieses Potenzials eigene Elternschaft. Wir müssen dem kindlichen Bewusstsein entwachsen. Um zu unserem eigenen Bewusstsein vorzudringen und eigene Aktivitäten zu entfalten, müssen wir die Eltern hinter uns lassen.

Konflikte in der Jugend sind dazu da, den notwendigen Distanzierungsprozess zwischen Vater und Sohn auszulösen – und natürlich auch zwischen Vater und Tochter und zwischen Mutter und Tochter oder Sohn. Ich habe in diesem Buch hauptsächlich die Beziehung zwischen Vätern und Söhnen im Kopf, bei der Trennung von Vätern und Töchtern zeigen sich aber viele Gemeinsamkeiten.

Das natürliche und doch explosive Eintreten der sexuellen Reife im Körper und in den Gefühlen der jungen Menschen ist es, was die Konflikte anheizt, die Väter und Kinder auseinander treiben. In den Kindern entsteht der intensive Drang, sich von den Bindungen des häuslichen Nests zu befreien und in ein neues, eigenes Leben aufzubrechen. Der Mensch tut sich mit der Entwicklung zum Erwachsenen, der bereit ist, Verantwortung für ein eigenes, unabhängiges Leben und eine eigene Familie zu übernehmen, zwar sicherlich schwer. Wachsende gefühlsmäßige und geistige Spannungen und Konflikte führen aber dazu, dass sich Jugendliche der engen Bindung ihrer Kindheitsfamilie nach und nach entledigen.

Der Mensch scheint nach dieser Unabhängigkeit zu lechzen, selbst wenn er in manchen Gesellschaften verpflichtet ist, sich der Autorität der Eltern zu beugen, solange diese am Leben sind. In den modernen westlichen Gesellschaften ist es jedoch üblich, die Eltern hinter sich zu lassen und einen eigenen Lebensweg zu gehen. Ich glaube, dass dies der menschlichen Natur auch am angemessensten ist.

Erwachsen zu werden ist selbstverständlich kein rein sexueller Vorgang. Es gibt unendlich viele kognitive und geistige Veränderungen, die eine Distanzierung vom Elternhaus notwendig machen, damit sich der Mensch entwickeln kann und ein reifes Bewusstsein erlangt. Wenn wir wissen, wer wir als Teil der Ursprungsfamilie sind, verlangen wir danach, uns als eigenständige Individuen kennen zu lernen. Unser Leben beginnt im Mutterleib, vollkommen eins mit der Mutter. Dann werden wir in die Welt hinausgepresst und schreiten ein Leben lang von einer Entwicklungsstufe und einer Trennung zur anderen, bis wir am Lebensende den letzten Schritt tun, der den vollständigen Abschied von der Welt um uns herum bedeutet.

Das Leben ist ein unaufhaltsames Weiterschreiten zu immer größerer Individualität. Wir lassen das Zentrum, das die Eltern einmal für uns waren, hinter uns und entdecken – hoffentlich – unser eigenes inneres Zentrum. So vollzieht sich das spirituelle Leben, wenn es, von dogmatischen Überzeugungen unbehindert, wachsen, blühen und gedeihen kann. Kinder müssen sich der großen Herausforderung stellen, erwachsen zu werden, und zwar bewusst lebende Erwachsene, die ihren eigenen Kindern ebenso bewusste Eltern sein können und die ihre Kinder später in ihr eigenes Leben entlassen.

In diesem Kapitel betrachten wir den Anteil deines Vaters an diesem Trennungsprozess, seine Fähigkeit – oder Unfähigkeit –, dich bereitwillig und auf hilfreiche Weise ziehen zu lassen. Damit ein Vater seinem Kind gestatten kann, sich unter Schmerzen loszureißen, muss er selbst eine reife, selbstsichere Persönlichkeit sein. Andernfalls reagiert er unangemessen, wenn Heranwachsende über die Stränge schlagen und Konflikte provozieren.

In gewisser Weise gehen Söhne durch den gleichen Prozess der Ablösung wie Töchter. Söhne und Väter sind jedoch im Grunde Rivalen um die sexuelle Gunst von Mädchen und Frauen. Wir wissen, dass viele Söhne mit ihrem Vater um eine besitzergreifende, präsexuelle Beziehung mit der Mutter kämpfen. Verläuft dieser Prozess in der Kindheit nicht positiv, wird er mit Sicherheit die Jugendjahre trüben und beeinträchtigen.

Das Konkurrenzgefühl erstreckt sich auf alle anderen Lebensbereiche des heranwachsenden Sohnes. Er vergleicht sich mit seinem Vater und strebt danach, so gut oder besser zu sein wie er, um sich endlich als Mann beweisen zu können. Wichtig ist, dass der Vater mit dieser Konkurrenz umgehen kann und seinen Sohn, der sich seiner ebenbürtig erweisen will, nicht dauernd niedermacht.

Nimm dir nun etwas Zeit und erforsche deine Gefühle. War dir dein Vater in diesen kämpferischen Jahren des Heranwachsens, als du der heimischen Familie langsam entwachsen bist, eine Hilfe? … Lass dich von deinen Erinnerungen zurücktragen … Konntest du dich von deinem Vater irgendwann so weit lösen, dass du das Gefühl innerer Unabhängigkeit spürtest? …

Als mein Freund Tom über die explosive und emotionale Lösung des Konflikts mit seinem Vater berichtete, sprach er auch davon, dass er den Ablösungsprozess von seinem Vater eigentlich nie vollständig durchlaufen hatte. Deshalb fühlte er sich nie ganz selbst und konnte sein inneres Zentrum als Erwachsener erst finden, als er schließlich mit seinen Gefühlen ins Reine gekommen war und seinen Vater mit seinen aggressiven, gewalttätigen Ausbrüchen ein für alle Mal aus seinem Leben entfernt hatte. Erst dann war es ihm möglich, sich eigenständig und ganz zu fühlen und seinem Vater als erwachsener Mensch ebenbürtig gegenüberzutreten.

Die Suche nach unserer eigenen Mitte ist eine lebenslange Aufgabe mit vielen Höhen und angenehmen Zeiten, aber auch vermischt mit regelmäßigen Zeiten der Verunsicherung und innerer Konflikte, wenn die alten Überzeugungen nicht mehr passen und wir gezwungen sind, innerlich zu wachsen und unser wahres Ich neu zu erforschen. Meist durchleben wir den großen Bruch mit unseren Familien als Jugendliche und junge Erwachsene – und im Idealfall so, dass wir auf künftige Schritte vorbereitet sind, die wir tun müssen, um zu einem reifen Verständnis unseres Selbst und des Lebens zu kommen. Dieser Wachstumsprozess vollzieht sich in drei Schritten, und es ist wichtig, sich im Laufe des Lebens mit allen drei Schritten vertraut zu machen.

Der erste Schritt ist die Erkenntnis, dass unser altes Ich-Gefühl nicht mehr angemessen ist und wir in eine neue Wachstumsperiode eintreten, die uns in die nächste Lebensphase geleitet. Um uns weiterzuentwickeln und nicht zu stagnieren, müssen wir unser ganzes Leben lang auf vielerlei Ebenen immer wieder durch Erfahrungen von Tod und Wiedergeburt gehen.

Als Nächstes gehen wir durch eine manchmal traumatische Zeit der Suche nach einer neuen Basis, nach neuen Erkenntnissen und nach einem neuen Gefühl tieferer Mitte in uns. Dann ist der Punkt gekommen, uns umzusehen, uns in der neuen Lebensphase einzurichten und Konzepte, innere Haltungen und emotionale Reaktionen zu erarbeiten, die der neuen Phase angemessen sind und zu unserer neuen Position im Leben passen.

Die letzte, oft vernachlässigte Phase ist der Rückblick auf das, was wir eben durchlaufen haben, um das Gefühl der Kontinuität des Lebens zu erhalten.

Nimm dir nun Zeit, um über deinen Vater nachzudenken und wie du ihn zurückgelassen hast, als du der vertrauten familiären Umgebung langsam entwachsen bist ... Du hast um größere Distanz von ihm gekämpft ... Bist du danach wieder auf ihn zugegangen, um ganz bewusst eine neue Beziehung mit ihm aufzubauen und ihm in deinem erwachsenen Leben wieder einen Platz einzuräumen? Oder hast du ihn tatsächlich einfach nur hinter dir gelassen? ... Halte inne und achte sorgfältig auf deine Erinnerungen, Gefühle und Gedanken ...

Der Prozess der familiären Ablösung ist stark von den Erfahrungen geprägt, die dein Vater in seiner eigenen Jugend machte. Wenn dein Großvater deinen Vater am Erwachsenwerden hinderte, wird dein Vater hier ebenfalls Defizite haben, außer er hat diesen Teil seiner Lebensgeschichte ganz bewusst verarbeitet und sich entschieden, dir beim Übergang ins Erwachsenendasein in jeder Hinsicht behilflich zu sein. Wenn er dieses Thema nicht wirklich verarbeitet hat, wird er es höchstwahrscheinlich seinem Vater nachtun oder aber extrem gegensätzlich reagieren.

Schau zurück und überlege, was du über die Reaktionen deines Großvaters weißt, als dein heranwachsender Vater gegen die familiären Beschränkungen rebellierte. Vielleicht kannst du aufgrund seiner Jugenderlebnisse Mitgefühl für ihn entwickeln ...

Wenn ein Kind eine sexuelle Beziehung außerhalb der Familie aufnimmt, geschieht ein entscheidender Schritt weg von den Eltern. Das Kind bindet sein Herz an einen völlig fremden Menschen, und das löst die endgültige Abspaltung aus. Es fällt den Eltern schwer, sich nicht verlassen zu fühlen und herzlos zurückgelassen, obwohl sie mit ihren Eltern das Gleiche taten und den Vorgang vom Kopf her verstehen. Es ist und bleibt ein schmerzliches Gefühl für sie. Wenn sich die Eltern emotional verschließen, verletzen sie ihre Söhne und Töchter, und wenn die Familien nicht Acht geben, heilen die Wunden nicht, und die Familien fallen möglicherweise ganz auseinander.

Nimm dir etwas Zeit und erinnere dich, wie es war, nachdem du von zu Hause ausgezogen bist und eine Freundin beziehungsweise einen Freund hattest ... Erinnere dich an die Jahre, als du mit ihr oder ihm nach Hause kamst und mit deinen Eltern ganz anders umgegangen bist, als wenn du alleine gekommen wärst ...

Ich weiß, dass jeder seine ureigene Geschichte mit seinem Vater hat und jede Lebenssituation einmalig ist. Für manche ist der Vater tot und das Thema damit erledigt. Für manche ist er emotional abgeschnitten und nicht erreichbar. Es kann eine gute Herzensverbindung geben zwischen euch oder auch gar keine. Manche möchten zu einer endgültigen Klärung ihrer Gefühle dem Vater gegenüber kommen, andere sind mit dem aktuellen Grad an Intimität, gegenseitigem Respekt und Verständnis zufrieden.

Nicht jeder, der ein Problem mit seinem Vater hat, muss so weit gehen, ihn körperlich anzugreifen, um zu einem Durchbruch zu kommen. In vielen Fällen werden Entscheidungen im Herzen getroffen, jeweils unabhängig vom anderen, und wenn ihr dann zusammentrefft, stellt ihr fest, dass Wachstum stattgefunden hat, dass die Vergangenheit Vergangenheit ist und dass ihr nun eine andere Beziehungsebene entdecken könnt. Das geschieht sogar recht oft.

Denjenigen, deren Väter bereits gestorben sind oder die sich emotional zurückgezogen haben, bietet sich die Gelegenheit, die verbliebenen inneren Konflikte anhand des hier ausführlich dargestellten Prozesses zu verarbeiten. Dieser Prozess weckt deine Erinnerungen, dein Verständnis wächst, und deine Haltungen und Gefühle werden geklärt und ganz in die Gegenwart gebracht, anstatt der Vergangenheit verhaftet zu bleiben.

Nimm dir ein paar Minuten Zeit zum bewussten Atmen. Halte inne, stimme dich auf deinen Atem und deine Gefühle ein. Denke über die Gefühle zu deinem Vater nach, jetzt als Erwachsener … und lasse alles zu, was dir in den Sinn kommt oder dein Herz anrührt …

Negatives überwinden

In diesem Kapitel stellen wir uns die Aufgabe, aus den bisherigen Überlegungen eine Liste aller Eigenschaften zusammenzustellen, die du von deinem Vater übernommen hast und die du nun klar erkennen kannst und aus deinem heutigen Leben streichen möchtest.

Vielleicht ist es hilfreich, ein wenig darüber nachzudenken, was gemeint ist, wenn wir von den negativen Seiten eines Menschen sprechen. Fest steht, dass eine Person, die keinen vollen Zugang zu ihren Gefühlen hat, ihre Möglichkeiten nicht voll ausschöpfen kann. Ich habe weiter vorne zwölf grundlegende Gefühle genannt, anhand derer du überlegen konntest, welche Gefühle dein Vater frei ausdrückte und welche er eher unterdrückte oder völlig abblockte. Je nachdem, ob er bestimmte Gefühle tatsächlich unterdrückte und du bei dir die gleichen Hemmungen feststellst, möchtest du vielleicht lernen, dich mit der Zeit diesen Gefühlen zu öffnen.

Es gibt aber auch viele Väter, die bestimmte Gefühle übermäßig ausleben, obwohl sie die Familienatmosphäre stören, ja ihr sogar schaden. Manchmal sind Väter voller Aggression und Wut, voller Feindseligkeit und Gewaltbereitschaft und explodieren ohne ersichtlichen Grund. Andere sind kränklich und deprimiert, schleichen bedrückt durch die Wohnung und verbreiten ihre Niedergeschlagenheit in der ganzen Familie. Wieder andere sind ängstlich, nervös und zwanghaft. Sie machen sich immerzu Sorgen und stecken die Familie mit dem unterschwelligen Gefühl böser Vorahnungen und Befürchtungen an. Schuldkomplexe verquicken sich mit solchen Angstmustern und verbreiten in den Herzen der Kinder Unsicherheit und Ohnmacht.

Wie wir bereits festgestellt haben, wird so manche Persönlichkeit auch durch bestimmte negative Denk- und Wahrnehmungsmuster eingeschränkt. Es gibt Väter, die die Welt draußen als grundsätzlich feindlich sehen, immer gegen sie ankämpfen und möglichst meiden. Viele Kinder übernehmen von solchen Vätern eine Auffassung von der Welt, die ihre Fähigkeit, ins Leben hinauszugehen und als Erwachsene sinnvolle Beziehungen anzuknüpfen, beeinträchtigt. Diese unterschwelligen Haltungen sind der erwachsenen Tochter oder dem erwachsenen Sohn oft nicht bewusst, trotzdem untergraben sie alle Anstrengungen, sich einer Gruppe oder am Arbeitsplatz zugehörig zu fühlen.

Ich möchte noch einmal Folgendes betonen: Wenn du deinen Vater ehrlich wahrnimmst, mit all seinen Fehlern, bedeutet das nicht, ihn schließlich als eine Art Monster zu sehen. Ganz im Gegenteil, ich hoffe, dass du zu einer ausgewogeneren Sicht seiner Persönlichkeit kommst, wenn du seine nicht so positiven Charakterzüge erkennst und dich von diesen aktiv distanzierst.

Wir sollten aber nicht vergessen, dass nicht alle unsere störenden Eigenschaften und Haltungen der elterlichen Prägung zuzuschreiben sind – dein Vater war nicht für alles verantwortlich. Wir waren als Kind vielen Einflüssen ausgesetzt, dein Vater war nur einer davon. Wenn wir also eine väterliche Eigenschaft mit unseren Problemen und Beschränkungen in Verbindung bringen, sollten wir prüfen, ob es tatsächlich richtig ist, unseren heutigen Zustand auf frühe väterliche Einwirkungen zurückzuführen. Um diesen Punkt zu klären, braucht es viel ehrliche Selbstreflexion, und dieses

Buch bietet dir einen Bezugsrahmen, um Schritt für Schritt darüber Klarheit zu gewinnen.

Ich nenne nun einige grundlegende Überlegungen, mit deren Hilfe du Charaktermerkmale deines Vaters näher identifizieren kannst, von denen du etwas Abstand gewinnen und dich befreien möchtest. Wieder empfehle ich dir, einen Stift zur Hand zu nehmen oder den Computer zu verwenden, wenn dir das lieber ist, und von Zeit zu Zeit auf das Thema zurückzukommen.

1. Hast du als Kind irgendeine offenkundige Verhaltensweise deines Vaters übernommen, die dich als Erwachsener heute noch störend begleitet? Wie war zum Beispiel seine Stimme? Klang sie sympathisch oder irgendwie unangenehm? Hast du deine Stimmlage von deinem Vater geerbt? War seine Stimme kräftig? Konnte er seine verschiedenen emotionalen Zustände, von denen wir gesprochen haben, auch stimmlich ausdrücken, oder war seine Stimme emotionslos? Kannte sie nur eine oder zwei negative Varianten, etwa heftige Aggression, schwächliche Angst, anhaltendes Klagen oder Depression?

2. Fiel es deinem Vater leicht, jemanden zu berühren und seine Zuneigung körperlich auszudrücken? Hast du bestimmte Hemmungen von ihm übernommen – etwa die Unfähigkeit, sich körperlich mitzuteilen –, die dein Intimleben immer noch beeinträchtigen? Gibst du an die nächste Generation Gewohnheiten weiter, die einen warmen körperlichen Ausdruck mit einschließen, oder ist es dir immer noch unmöglich, Herzensgefühle zu zeigen? Oder bist du, als Reaktion auf deinen Vater, zu sehr auf körperliche Intimität fixiert?

3. Gleicht dein persönliches Tempo im Alltag dem deines Vaters? Wenn ja, ist dieses Tempo gesund und angenehm, oder möchtest du dich diesbezüglich von seinem Einfluss befreien, um ganz bewusst dein eigenes Tempo zu entwickeln, das dir mehr entspricht?

4. Betrachte deine Beziehungen zu Frauen. Wie hat die Art seines Umgangs mit Frauen deine Persönlichkeit geprägt, und bist du mit diesem Erbe zufrieden? Noch genauer gefragt: War die Art deines Vaters, mit deiner Mutter umzugehen, für dich ein positives Vorbild intimer Beziehungen, oder möchtest du dich davon lösen, damit dein Leben in positiveren Bahnen verlaufen kann?

5. Dein Vater war ein Mann mit Idealen und inneren Einstellungen, mit Vorurteilen und Meinungen, wie wir alle. Du bist mit diesen Vorstellungen aufgewachsen und trägst höchstwahrscheinlich noch viele davon in deinem Kopf herum, als wären sie deine eigene Weltsicht. Bist du mit diesen Einstellungen zufrieden, oder möchtest du einige davon ablegen, die dich heute noch zu unangemessenen Urteilen verleiten?

6. Die Arbeitshaltung deines Vaters hat dein Leben geprägt. Welche Möglichkeiten der Veränderung eröffnete dir das Nachdenken über den Einfluss deines Vaters in diesem Bereich? Möchtest du diesen Einfluss abschwächen? Setze alle negativen Muster und Haltungen, die dein Vater mit sich herumtrug und die du nicht magst, auf deine Liste.

7. Welche Haltung nahm dein Vater spirituellen Dingen gegenüber ein? War er den spirituellen Bereichen des Bewusstseins gegenüber ablehnend eingestellt? Oder waren dir seine spirituellen Überzeugungen allzu abge-

hoben? Sind dir seine religiösen und philosophischen Auffassungen im Erwachsenenleben eine Hilfe? Oder hast du das Gefühl, einen größeren Abstand von ihm gewinnen zu müssen, damit du einen tieferen spirituellen Kontakt mit Bereichen des Bewusstseins aufnehmen kannst, die er möglicherweise negativ beurteilt hat, die dir für dein Leben jedoch wichtig erscheinen?

8. Denke nun wieder kurz an das Verhältnis deines Vaters zu seinem Körper. Stellst du fest, dass du seine Hemmungen, die ihn möglicherweise am vollen Genuss sinnlicher Freuden gehindert haben, übernommen hast? Spürst du in deinem Körper ähnliche Gefühle wie er und bist du mit der sinnlichen Verbundenheit mit der Welt um dich herum und deinen inneren Freuden zufrieden?

9. Dein Vater hatte bestimmte Muster der Problemlösung. Waren seine Techniken und Gewohnheiten, mit Problemen umzugehen, erfolgreich? Hast du sie geerbt und bist du mit ihnen zufrieden?

10. Hast du von deinem Vater eine bestimmte Art der sinnlichen Weltwahrnehmung übernommen? Hörst du zu, wenn jemand mit dir spricht, oder nicht? Kannst du einen Geschmack genießen oder ist dir egal, wie etwas schmeckt? Kannst du eine zarte Berührung genießen oder verschwendest du an diese Dimension des Lebens keine Aufmerksamkeit? Inwiefern sind deine Sinne von Gewohnheiten geprägt, die du von deinem Vater gelernt hast, und möchtest du einige dieser sinnlichen Gewohnheiten ändern?

11. Ist deine Fähigkeit, das Leben zu genießen, etwa so ausgeprägt wie die deines Vaters? Fühlst du dich eingeschränkt durch den Grad an Lebensfreude und Seelen-

frieden, den sich dein Vater gegönnt hat – oder kannst du dein Potenzial voll ausschöpfen und dein ganzes Menschsein genießen?

12. Gleichen deine Art der Selbsterforschung und deine Wege des persönlichen Wachstums denen deines Vaters? War er ein Mann, der sich immer wieder den Fragen des Lebens stellte? Bist du mit dem übernommenen Stil der Persönlichkeitsentwicklung zufrieden oder möchtest du dich von den Familienmustern befreien, um auf diesem Gebiet schneller und besser voranzukommen?

Diese zwölf Persönlichkeitsmerkmale deines Vaters hast du bis zu einem gewissen Grad geerbt; sie haben dich beeinflusst. Vielleicht schätzt du diese Eigenschaften, vielleicht möchtest du sie aber auch ablegen. Mit Hilfe der Liste kannst du über das Hinauswachsen über bestimmte negative Charakteristika intensiver nachdenken: Der erste Schritt ist dabei immer das eindeutige Erkennen einer Wesensart, von der du dich fortan verabschieden möchtest. Die Grundhaltungen deines Vaters sind dafür ein guter Ausgangspunkt.

Welche Grundhaltungen hast du als Kind von deinem Vater übernommen? ... Du hast dich bereits mit diesem Thema befasst. Jetzt kannst du ein wenig tiefer einsteigen und dich fragen: Welche Haltungen, die mir mein Vater schon ganz früh einimpfte, haben mir den Übergang zum Erwachsenenleben erschwert? ...

Väter geben ihre Ängste oft an die Kinder weiter. Gezieltes Nachdenken über die Natur der Ängste und der Befürchtungen deines Vaters kann dir helfen, die von ihm übernommenen Angstmuster zu erkennen.

Nimm in die Liste der negativen Eigenschaften, von denen du dich befreien möchtest, jede Angst oder Phobie, jede Einschränkung oder Hemmung auf, die dein Vater während deines Heranwachsens gezeigt hat. Vergleiche diese Liste mit deinen eigenen Ängsten und Sorgen und stelle fest, ob und in welchen Bereichen du immer noch mit den Befürchtungen deines Vaters belastet bist ... Lass dir bei der Erstellung dieser Liste Zeit und achte dabei auf deine Atmung, weil das Nachdenken und die Erinnerung an ängstliche Spannungen fast unweigerlich deinen Atemfluss hemmen. Du wirst zu neuen Erkenntnissen über deine momentanen Ängste kommen ...

Du kannst noch tiefer vordringen und eine Liste der Dinge machen, die dein Vater gehasst hat, und herausfinden, ob auch du diese Dinge hasst. Hass ist eine Reaktion auf Angst. Deshalb wirst du feststellen, dass diese neue Liste eng mit der Liste der Ängste deines Vaters verbunden ist.

Welchen ethnischen Gruppen stand er besonders ablehnend gegenüber? Welchen religiösen Gruppen? Welchen ökonomischen und gesellschaftlichen Klassen? Welche Art von Musik war ihm verhasst? Welcher Frauentyp ging ihm auf die Nerven? Welche Nahrungsmittel mochte er nicht? Welche Tiere? Sind dir aus deiner Kindheit weitere Dinge in Erinnerung, die er hasste? ...

Selbstverständlich hat sich auch dein Vater fortlaufend entwickelt, und diese Ängste und Feindseligkeiten blieben im Laufe seines Lebens nicht immer gleich. Die psychologische Schwierigkeit besteht darin: Kinder haben Zeiten gesteigerter Sensibilität, in denen sie einige Monate lang oder auch länger selbst die geringsten Probleme ihrer Eltern aufnehmen. Diese kurzen Perioden emotionaler Prägung können die Persönlichkeit eines Kindes stark bestimmen, selbst wenn sich die Eltern von den gefühlsmäßigen Störungen wieder erholen und dem Kind eine überwiegend gesunde Umgebung bieten.

Es ist also durchaus möglich, dass du bestimmte Ängste deiner Eltern übernommen hast, selbst wenn diese mit dem Leben im Allgemeinen gut zurechtkamen. Vielleicht hat eine längst überwundene, zeitlich begrenzte finanzielle oder emotionale häusliche Krise deiner Persönlichkeit ihren Stempel aufgedrückt.

Deshalb kannst du deinen Vater nicht nur im gegenwärtigen Augenblick betrachten, um so den Einfluss zu verstehen, den er in der Vergangenheit auf dich hatte, als er in einer anderen Lebenssituation war. Um wahrzunehmen, was tatsächlich mit dir geschah, musst du dich erinnern, denn nur so kannst du dein heutiges Repertoire emotionaler Reaktionen auf die Welt erweitern.

Lass dir mit der Liste mehrere Wochen Zeit. So lange wird es brauchen, sich nach und nach aller negativen Verhaltensweisen deines Vaters, die deine Entwicklung beeinflusst haben, bewusst zu werden. Nimm dir immer wieder Zeit, halte die Liste bereit und denke regelmäßig darüber nach. Nach dem ersten Schritt der Identifikation dieser negativen väterlichen Muster beginnst du langsam zu verstehen, warum sich dein Vater damals in deiner Gegenwart so und nicht anders verhalten hat. Das bedeutet, einen Schritt vom persönlichen Drama, so wie du es erinnerst, zurückzutreten und die Kräfte wahrzunehmen, die im Leben deines Vaters eine Rolle spielten und ihn zu dem machten, was er damals war.

Mit dieser erweiterten Wahrnehmung deines Vaters als Mensch geht die Möglichkeit einher, Mitgefühl für einen Mann zu entwickeln, der mit den Lebensumständen kämpfte, der eine Familie ernährte und sich sehr oft für alles und jedes zuständig fühlte. Wenn du deinen Vater mit mehr Mitgefühl betrachtest und ihn weniger streng beurteilst, wirst du dir selbst schließlich auch so begegnen. Das ist der psychologische Trick: Während du deinen Vater allmählich objektiver betrachten kannst, lernst du dich im gleichen Licht zu sehen. In dem Moment setzt ein wunderbarer Prozess persönlichen Wachstums ein, und plötzlich bringst du dir selbst mehr Verständnis, Mitgefühl und Akzeptanz entgegen.

Im Laufe dieser natürlichen Bewusstseinserweiterung und verstärkten Akzeptanz deiner Vergangenheit, deiner Wurzeln und deines heutigen Lebens wird es auch leichter, zu vergeben. Wenn du auf das Leben deines Vaters weniger verurteilend zurückblickst, stellst du möglicherweise fest, dass er in Anbetracht der Umstände, seiner eigenen Konditionierung als Kind und seiner Fähigkeit, die tieferen Qualitäten seines Lebens zu begreifen, sein Bestes getan hat.

Wenn es dir gelingt, deinen Vater zu akzeptieren und alles Negative, das er dir zugefügt hat, zu verzeihen, wirst du merken, dass du dich selbst besser annehmen und dir selbst besser verzeihen kannst. Selbst wenn du das Gefühl hast, dass dein Leben ein einziges Chaos ist, mach dir klar, dass du in Anbetracht deiner Konditionierung und der Umstände dein Bestes tust. Niemand ist perfekt, wir haben alle unsere negativen Seiten und Neigungen. Was zählt, ist deine Bereitschaft, dich weiterzuentwickeln und nach und nach das Potenzial deines Lebens zu erweitern. Du liest dieses Buch. Du bemühst dich ehrlichen Herzens um positivere Muster und Erfahrungen. Du versuchst deinen Vater zu verstehen und ihm dein Herz zu öffnen. Dies wird dir, mehr als alles andere, helfen, dich von den Komplexen zu befreien, die du von ihm übernommen hast, und dir den Kern seines Wesens über die Jahre hinweg dennoch erhalten.

Indem du diese Liste der negativen Eigenschaften erstellst, über die du hinauswachsen möchtest, hilfst du auch seinem Geist, wie er in dir lebt, sich weiterzuentwickeln. Es gibt letztlich keine Trennung zwischen dir und deinem Vater. Du kommst aus ihm; ihr werdet immer verbunden sein. Du kannst lernen, dich von ihm zu distanzieren, wenn es nötig ist. Du kannst deine eigenständige Identität fühlen, die seine eigene Identität nicht berührt. Es gibt jedoch eine unentrinnbare Einheit zwischen Vater und Kind, eine fortlaufende Läuterung, ein immer währendes Potenzial, hier und heute weniger neurotische Wege einzuschlagen. Und es ist ganz sicher, dass du deinem Vater hilfst, indem du versuchst, dir selbst zu helfen.

Am Ende dieses Kapitels angelangt, nimm dir ein wenig Zeit und frage dich, ob du die negativen Einflüsse deines Vaters auf deine Kindheit und dein heutiges Leben bis zu einem gewissen Grad ruhig akzeptieren kannst ... Bist du bereit, seine alten Beschränkungen, Ängste, Feindseligkeiten und ungerechten Urteile abzulegen? ... Bist du bereit, dein Leben in positivere Bahnen zu lenken, als es ihm damals möglich war? ...

Deine heutige Vaterbeziehung

Irgendetwas in deinem Innern hat dich veranlasst, dieses Buch zur Hand zu nehmen und dich auf den tief greifenden Prozess der Auseinandersetzung mit deiner früheren und heutigen Vaterbeziehung einzulassen. Während du diese Seiten gelesen und dir Zeit genommen hast, über viele verschiedene Aspekte deines bisherigen Lebens mit deinem Vater nachzudenken, hat sich dein Bild von ihm höchstwahrscheinlich in mehrfacher Hinsicht erweitert.

Nachdem wir uns bisher vor allem mit deiner Vergangenheit mit deinem Vater beschäftigt haben, werden wir in diesem Kapitel erforschen, welche Gefühle du gegenwärtig deinem Vater entgegenbringst. In deinem Herzen und in deinem Geist besteht auch heute noch eine lebendige Beziehung zu ihm, egal, ob er noch lebt oder bereits gestorben ist. Wie empfindest du im Augenblick die Beziehung zu ihm?

Gehe, um eine wirkliche Antwort darauf zu finden, in deiner Erinnerung zurück zu eurem letzten Zusammentreffen. Wie war diese Begegnung?

Rufe dir zuerst ins Gedächtnis, ob du dich auf das Zusammensein gefreut hast oder eher nicht. Erinnere dich dann an den emotionalen Eindruck der Begegnung. Erlebe noch einmal den Augenkontakt mit deinem Vater, wenn es einen zwischen euch gab, und erinnere dich, wie dich der Klang seiner Stimme beeinflusste. Hat er dich berührt oder gab es keinerlei Körperkontakt zwischen

*euch? Erlebe noch einmal das Gefühl, mit ihm zusammen in einem
Raum zu sein ...*

*Wenn du jetzt, im Licht deiner neuen Überlegungen über
deine Vergangenheit mit ihm, an deinen Vater denkst – ange-
nommen, er lebt noch –, welche Gefühle regen sich dann in dir?
Ist er durch die Erinnerung an seinen Einfluss auf deine
Kindheit und auf die Zeit als junger Erwachsener deinem
Herzen näher gerückt, oder hast du ein neues Gefühl der
Distanz gefunden zu diesem Mann? ...*

Es ist wichtig, sich bewusst zu machen, dass Beziehungen
rhythmisch verlaufen. Das heißt, dass es Zeiten gibt, in
denen wir uns einem geliebten Menschen nahe fühlen, und
Zeiten, in denen wir Abstand brauchen und allein sein
müssen, um wachsen zu können. Es muss dich also nicht
bekümmern, wenn du feststellst, dass du von deinem Vater
derzeit eher Abstand willst als Nähe.

Wie bereits erwähnt, liegt es in der Natur der Beziehung,
dass Väter und ihre Kinder durch Phasen gehen, wo sie
auseinander streben und die Kinder entdecken sollen, wer
sie sind – ohne ihre Eltern. Selbst wenn du 50 oder 60 Jahre
alt bist und dein Vater bereits 30 oder 40 Jahre tot ist, stellst
du möglicherweise fest, dass du ihn im Moment aus deinem
Herzen ausschließen möchtest.

Es kann sein, dass wir dieses Gefühl verdrängen wollen.
Den Eltern den Rücken zuzukehren scheint grausam zu
sein. Eltern sind aber verpflichtet, ihren Kindern Raum zur
Ablösung zu geben, wenn die Zeit gekommen ist. Du, als
Kind deines Vaters, hast das Recht, deinem Bedürfnis nach
einem eigenen Leben zu folgen, wenn es dich zu größerer
Distanz zu deinem Vater drängt.

Die Rhythmik des Distanzierungsprozesses spiegelt das Bedürfnis nach Zeiten der Intimität in der Beziehung, denen Zeiten relativer Distanz und Ichbezogenheit folgen. In Liebesbeziehungen ist dies ganz offenkundig; sie ersticken regelrecht, wenn es keine Unterbrechungen des intimen Zusammenlebens gibt. Mit den Eltern ist es das Gleiche: Es gibt ein Urbedürfnis im Kind, mag das Kind auch 80 Jahre alt sein, sich manchmal vom Vater völlig getrennt und distanziert zu fühlen. Wenn du den äußerlich sichtbaren Distanzierungsrhythmus in deiner Vaterbeziehung nicht akzeptierst, tust du dem innersten Wesen der Beziehung Gewalt an und gerätst in ein seltsames Niemandsland, in dem kein intensiver Herzenskontakt herzustellen ist, unabhängig davon, wie eng eure Beziehung auf den ersten Blick aussehen mag.

Indem ich dies sage, will ich dich ermutigen, deine gegenwärtigen Gefühle für deinen Vater ehrlich zu betrachten. In der Hoffnung auf eine tiefere Herzensverbindung und ein engeres Kontaktgefühl mit deinem Vater bist du vielleicht durch all die bisherigen Überlegungen gegangen. Klar, dass du am Ende dieser Nachforschungen erwartest, dich deinem Vater näher und nicht entfernter zu fühlen als zu Beginn. Die Chancen stehen jedoch 50 zu 50, dass du gerade jetzt den Wunsch verspürst, ihn aus deinem Leben hinauszudrängen, damit du frei und unabhängig leben kannst.

Wenn dies zutrifft, dann ist es gut so. Vertraue der rhythmischen Natur deiner Beziehung zu ihm. Bist du erst einmal aufgebrochen und für eine gewisse Zeit weggegangen, wirst du dich ihm höchstwahrscheinlich auch wieder zuwenden.

Halte nun inne und atme ein paar Mal tief ein und aus, schaue nach innen auf deine heutigen Gefühle deinem Vater gegenüber und nimm ehrlich wahr, was du möchtest ... mehr Nähe zu ihm oder mehr Distanz ...

Nimm dir etwas Zeit und stell dir vor, wie es sein wird, deinem Vater wieder zu begegnen, wenn er noch lebt und ihr euch gegenseitig immer noch besucht ... Was wirst du für ihn empfinden und wie offen wirst du ihm begegnen können? ...

Als Kind wissen wir noch nicht, wie man bewusst eine Beziehung mit einer anderen Person entwickelt und unterhält. Der Kontakt mit dem Vater ist ja kein freiwillig gewählter; er ergab sich schlichtweg durch die Fortpflanzung. Unser Vater war ganz einfach da, und wir gingen mit ihm um, ohne weiter darüber nachzudenken.

Als Erwachsene haben wir aber Gelegenheit, diese Situation zu verändern und darüber zu entscheiden, wie wir die Beziehung zu unserem Vater – wenn er noch lebt – künftig gestalten möchten. Und selbst wenn er schon gestorben ist, können wir unsere innere Beziehung zu ihm bewusst beeinflussen.

In diesem Kapitel kannst du überlegen, was du von deiner Vaterbeziehung heute noch brauchst und wünschst. Willst du einen tieferen Kontakt zu ihm und möchtest du daran arbeiten? Oder hat es sich so entwickelt, dass er in deinem heutigen Leben eher eine untergeordnete Rolle spielt?

Es ist ganz wichtig, in aller Fairness darüber nachzudenken, inwieweit dich dein Vater heute noch braucht. Wenn es um Beziehungen geht, müssen erwachsene Menschen einander das Recht einräumen, nein zu sagen oder Grenzen zu setzen. Vielleicht ist sein Bedürfnis nach Kontakt mit dir nicht so stark wie umgekehrt.

Sollte dies der Fall sein, musst du als reifer Mensch mit dem Gefühl der Zurückweisung zurechtkommen. In dieser Situation bist du als Erwachsener dir selbst gegenüber verantwortlich und musst die Empfindungen des anderen akzeptieren und respektieren. Du solltest dir gestatten zu trauern, solange es nötig ist – dies wird zu einem realistischen Gefühl von Abstand führen.

Ich weiß, dass ich als junger Erwachsener meinen Eltern jahrelang mit meiner Sehnsucht nach mehr Nähe zur Last gefallen bin. Ich wollte mehr Nähe, als sie realistischerweise möglich war, nachdem ich das Zuhause bereits verlassen hatte. Ich wollte völlig frei sein und auf mich gestellt, gleichzeitig wollte ich aber das Gefühl familiärer Intimität erhalten, in dem ich als Kind geschwelgt hatte. Manche halten den Wunsch nach diesem unmöglichen Beziehungsszenario aufrecht, auch wenn sie schon über 20 oder sogar 30 Jahre alt sind.

Sehr verbreitet ist auch der Wunsch, der elterlichen Autorität so schnell wie möglich zu entkommen, ob die Familie nun intakt ist oder nicht. Es ist völlig normal, dass man die Unabhängigkeit, die man sich sozusagen allein durch das Älterwerden erworben hat, in ihrer ganzen Fülle auskosten möchte. Wahrscheinlich ist Ambivalenz dabei das am weitesten verbreitete Gefühl – die Sehnsucht nach Unabhängigkeit bei gleichzeitiger Sehnsucht nach Geborgenheit. Insbesondere auf dem Höhepunkt des ersten Ringens um Unabhängigkeit ist tief im Innern eine Ambivalenz vorhanden. Später, wenn das Leben höhere Ansprüche an uns stellt, mag es Zeiten geben, in denen wir Heimweh haben nach dem einfacheren Leben als Kind und uns nach der Akzeptanz und Wärme sehnen, die wir im Schoß der Familie erfahren haben.

Ob wir nun mehr oder weniger heftig bestrebt sind, das Zuhause unserer Kindheitstage zu verlassen, wir müssen uns erst an den neuen Zustand gewöhnen. Wir müssen lernen, mit Eltern Geduld zu haben, denen es schwer fällt, die Elternrolle abzulegen, und die immer noch Ratschläge erteilen, Ansprüche stellen und sich der völligen Ablösung unterschiedlich stark widersetzen.

Andererseits kann ein Vater, der seine Kinder zu schnell in ein eigenständiges Leben drängt, diesen das Gefühl geben, nicht mehr geliebt zu werden. Hat sich dieser Eindruck im Herzen des erwachsenen Kindes eingeprägt, fällt es ihm oft sehr schwer, ein neues Gefühl der Offenheit zu entwickeln. Selbst wenn der Vater auf das erwachsene Kind zugeht, kann es ablehnend reagieren, weil es nicht riskieren möchte, sein Bedürfnis nach Nähe zu spüren.

Wenn dies bis zu einem gewissen Grad auf dich zutrifft, wenn du beim Verlassen des Elternhauses verletzt wurdest und deinem Vater bisher nicht verziehen hast, dann ist möglicherweise jetzt die Zeit reif, klar wahrzunehmen, was tatsächlich zwischen euch passiert ist, damit du ihn besser verstehen, ihm vergeben und dich einer freundlicheren Beziehung mit ihm öffnen kannst ...

Halte inne und achte auf deine aktuellen Gefühle zu dieser Frage ...

Viele erwachsene Kinder haben noch mit einer weiteren Schwierigkeit in ihrer Beziehung zum Vater zu kämpfen. Es fällt Vätern oft schwer, ihre Kinder in einem anderen Licht zu sehen, selbst wenn sie schon erwachsen sind, unabhängig und eine eigene Familie haben. Es fällt ihnen schwer, die Tatsache zu akzeptieren, dass die Jahre vorbei sind, in denen sie unmittelbare Autorität und Vorbild waren. Als erwachsene Kinder möchten wir eine ebenbürtige Beziehung zum Vater herstellen. Im Grunde erstreben wir eine Beziehung zu unseren Bedingungen, die sich von der Beziehung unserer Kindheit unterscheidet, auf die wir keinen Einfluss hatten und die zu unserer heutigen Identität als Erwachsener nicht mehr passt. Wir müssen uns bewusst machen, wie sich unsere Beziehung verändert hat. Wie Väter uns Richtlinien gaben und unserem Verhalten Grenzen setzten, als wir noch jung waren, so müssen wir Verantwortung für unseren eigenen neuen Status und den veränderten Status unserer Eltern übernehmen und möglicherweise die heikle Aufgabe übernehmen, dem Vater Grenzen zu setzen und Verhaltensrichtlinien zu geben.

Es ist nicht schwer, sich an Haltungen und Kommentare zu erinnern, die darauf hinweisen, dass dich dein Vater nicht ganz als Erwachsener akzeptiert und anerkannt hat, und übersensibel darauf zu reagieren. Wenn es dich stört, dass er dich in mancher Hinsicht immer noch wie ein Kind behandelt, liegt es vielleicht daran, dass du dir deiner Unabhängigkeit innerlich nicht ganz sicher bist, als wäre das Ringen darum noch nicht ganz abgeschlossen. Um dies zu beenden, musst du dich möglicherweise mit ihm darüber verständigen, wer du heute bist und wie du behandelt werden möchtest. Vielleicht musst du aber auch erkennen, dass sich bestimmte alte Gewohnheiten nicht mehr ändern werden, und lernen, ihn – aber auch dich – so zu akzeptieren.

Nimm dir ein wenig Zeit, um über deinen Vater nachzudenken und wie er auf dich als unabhängiger Erwachsener reagiert … Hat er deine Unabhängigkeit anerkannt, gibt er zu erkennen, dass er dich respektiert? … Oder sagt er dir immer noch, was du zu tun

hast, in der Annahme, du solltest dich an ihm orientieren? …
Kritisiert er gar deine Entscheidungen und deine Lebensführung?
… Betrachte euch beide nun aus einer gewissen Distanz und stelle
fest, was er typischerweise zu dir sagt, wie er auf dich reagiert …
Achte auf deine Gefühle … Kannst du dich von deinem Ärger über
seine alten Elterngewohnheiten distanzieren? … Oder musst du
tatsächlich eine neue Übereinkunft mit ihm aushandeln, neue
Richtlinien ausgeben und ihm und dir neue Grenzen setzen? …

Vielleicht bist du eher bereit als dein Vater, eine neue, andere Beziehung zu entwickeln und ihm dein Herz zu öffnen, weil du an der Lösung alter Konflikte arbeitest, die einen Herzenskontakt bislang verhindert haben. Weil du einige Zeit darauf verwendet hast, über ihn, als eine von dir unabhängige Person, nachzudenken, fällt es dir möglicherweise leichter, auf ihn zuzugehen. Das hilft dir, ihn besser zu verstehen und ihm beim nächsten Zusammentreffen einen Schritt entgegenzugehen.

Eine der großen Frustrationen von Therapeutinnen und Therapeuten besteht darin, dass wir oft mit der falschen Person arbeiten. In einer Beziehung sucht meistens die Person Hilfe, die eher bereit ist, durch die Lösung emotionaler Konflikte innerlich zu wachsen. Der Teil eines Beziehungspaares, der Hilfe am nötigsten hätte, ist fast nie derjenige, der therapeutische Unterstützung sucht, um alte Verstrickungen zu lösen und erfolgreicher kommunizieren zu können. Wenn es sich um die Beziehung zwischen einem erwachsenen Kind und einem Elternteil handelt, muss meist das Kind die schwere Aufgabe übernehmen, die Beziehung zu verändern. Es muss lernen zu akzeptieren, dass die Fähigkeit oder der Wunsch des Vaters beziehungsweise der Mutter, sich zu verändern, begrenzt ist.

Liebe heißt vor allen anderen Dingen, Menschen innerhalb ihrer Grenzen leben zu lassen und sie nicht zu irgendeiner Form der Beziehung zu drängen, die ihre emotionalen Grenzen verletzt. Mit zunehmendem Alter scheinen die Menschen in ihrer Art, Beziehungen zu leben, immer festgefahrener zu werden. Deshalb liegt es fast immer in der Verantwortung der jüngeren Generation, einen Schritt auf die ältere Generation zuzugehen.

Ich fordere dich nun auf, ernsthaft darüber nachzudenken, wie die Beziehung zu deinem Vater in deiner jetzigen Lebensphase aussehen soll. Sind deine Erwartungen noch immer die eines Kindes? ... Oder suchst du nach einer neuen Art der Nähe, wie sie dir dein Vater bieten kann, einer Nähe, die im Bereich des Möglichen liegt? ...

Diese Frage ist auch dann von Bedeutung, wenn dein Vater bereits gestorben ist. Das Leben ist ein ununterbrochener Kreislauf von Tod und Wiedergeburt, vom Verlieren dessen, was gewesen ist, und der Öffnung gegenüber dem Neuen, das jeden Tag auf uns zukommt. Wenn du jedoch die Vergangenheit nicht loslässt, dich nicht mit Verlusten abfindest und hinter dir lässt, was in der Beziehung schmerzlich oder einschränkend war, bist du in einem Zustand gefangen, der die Gegenwart ausblendet. Du verpasst die Chance, in eine neue Beziehung zu einer anderen Person wirklich hineinzuwachsen oder die Beziehung zu deinem Vater zu erneuern, sei er noch am Leben oder bereits gestorben.

Wir müssen unseren Eltern die Freiheit gewähren, uns zu verlassen, wenn ihre Zeit gekommen ist. Kindern ist es aufgegeben, die Sterblichkeit ihrer Eltern zu akzeptieren und mit deren Tod in einer reifen Akzeptanz umzugehen. Ich glaube nicht an Geister und dergleichen, aber manchmal scheint mir, dass ein Vater oder eine Mutter in einem Zwischenreich zurückgehalten wird, wenn ein Kind sich weigert, die Eltern loszulassen und ihren Tod anzunehmen.

Wenn die Eltern älter und gebrechlicher werden, müssen wir neben unseren eigenen Bedürfnissen auch auf ihre achten. Wir müssen ihnen den unvermeidlichen Rückzug ins hohe Alter und in den Tod zugestehen, damit sie die letzten Phasen des Lebens und des Übergangs unbehindert durchlaufen können. Wie sich Väter liebevoll sorgend um ihre Kinder kümmern, so müssen sich anscheinend die Kinder liebevoll sorgend um ihre alternden, hinfälligen Väter kümmern. Zumindest war das früher so. Wir haben heute einen Lebensstil, bei dem die Alten außer Sichtweite gedrängt werden, wenn sie die jüngeren Generationen belasten, und damit ist die natürliche Ordnung der Dinge empfindlich gestört. Wir müssen die gegenwärtige Situation neu betrachten und uns fragen, ob wir unserer Verantwortung den alternden Vätern gegenüber tatsächlich gerecht werden.

Shakespeares Spruch, dass alte Männer wieder zu Kindern werden, ist eine kluge psychologische Beobachtung. Es kommt der Zeitpunkt, an dem die Kinder erwachsen sind und die ältere Generation in der letzten Phase ihres Lebens die Unterstützung der Kinder braucht. Wenn wir unsere Vaterbeziehung in ihrer ganzen Tiefe erfahren wollen, müssen wir bereit sein, ihm am Ende seines Lebens ein Vater zu sein und ihm Verantwortung abzunehmen, so wie er es für uns getan hat, als wir Kind waren.

Eigene Elternschaft

Wie beschäftigt wir auch mit anderen Zielen sein mögen, die ureigene Rolle aller menschlichen Wesen besteht vom Standpunkt der Spezies aus betrachtet darin, sicherzustellen, dass in jeder Generation so viele Kinder geboren werden, dass die Spezies auf dieser Erde wächst und gedeiht. Das bedeutet nicht, dass alle Menschen irgendwann im Leben Eltern werden müssen, aber die meisten wenigstens. Es bedeutet ferner, dass wir als Erwachsene alle die Verantwortung haben, uns um die Kinder der nachwachsenden, neuen Generation zu kümmern, mögen diese Kinder unsere leiblichen Nachkommen sein oder nicht.

Wir befinden uns heute in einer deutlichen Krise, die auf die Vernachlässigung unserer Elternrolle zurückzuführen ist. Wir haben uns auf unsere persönlichen Interessen und Ziele konzentriert oder sind damit beschäftigt, dem verstärkten Druck der Arbeitswelt standzuhalten, um in einer Zeit zu überleben, in der Arbeitsplätze abgebaut oder ins Ausland verlegt werden. In manchen Familien ist es den Frauen gelungen, die traditionellen Rollen mit einer befriedigenden außerhäuslichen Tätigkeit zu verbinden. Allzu oft leidet jedoch das Familienleben, wenn beide, Vater und Mutter, den steigenden beruflichen Anforderungen ausgesetzt sind. Dazu kommt, dass Kinder zu haben immer teurer wird. Kurz gesagt: Der Verlust intensiver familiärer Bindungen hat extreme Formen angenommen.

Wenn wir uns umblicken, stellen wir fest, dass die Grundlagen familiären Lebens bröckeln. Elternsein ist nur allzu häufig zu einer Bürde geworden, anstatt eine Freude und ein Vergnügen zu sein. Vom Fernsehen beeinflusst, das uns Wohlstand und Überfluss zeigt, neigen wir zur Annahme, mehr Geld bedeute gleichzeitig ein besseres Leben.

Wenn wir die Entwicklung der Familiensituation in den letzten 100 Jahren mit ihrem rapiden industriellen Fortschritt betrachten, stellen wir fest, dass vor 100 Jahren in den meisten Familien mindestens ein Elternteil zu Hause bleiben und die Elternrolle übernehmen konnte, die für Kinder so ungeheuer wichtig ist. Heute müssen oft beide Eltern berufstätig sein, nur um die laufenden Kosten bezahlen zu können. Wenn sie dann nach einem vollen Arbeitstag nach Hause kommen, ist es schwer, Energie für eine schöne gemeinsame Zeit mit den Kindern aufzubringen.

Ich weiß, dass du dieses Dilemma kennst, besonders wenn du selbst Kinder hast, und dass es dir schwer fällt, dein Kind oder deine Kinder zurückzulassen, wenn du morgens zur Arbeit gehen und den fortlaufenden Eltern-Kind-Kontakt unterbrechen musst, den dein Kind so dringend braucht. Es scheint aus der heutigen verrückten Arbeitssituation, in die wir uns hineinmanövriert haben, kein Entrinnen zu geben. Aber wir sollten versuchen, aus einer äußerst prekären Familiensituation das Beste zu machen.

Das Wesen der Kindheit besteht darin, einen komplexen Sozialisationsprozess zu durchlaufen, bis aus einem Kind ein erwachsener Mensch wird, ein Vater oder eine Mutter, die dann ihrerseits eine neue Generation ins Erwachsenenleben begleiten. Du hast diesen Prozess durchlaufen und bist zu einem Erwachsenen, vielleicht sogar Vater oder Mutter geworden. In diesem Kapitel werden wir uns mit einigen aktuellen Aspekten dieses Themas befassen.

Wenn dein Vater und deine Mutter gute Eltern waren, wenn sie sich um dich als Kind angemessen kümmerten, dir den nötigen Raum und Zuspruch gaben und du dich zu einem ausgeglichenen Erwachsenen entwickelt hast, kannst du wahrscheinlich einfach in ihre Fußstapfen treten und auch ein guter Vater oder eine gute Mutter werden. Alle Eltern haben jedoch Schwächen, und Elternsein ist nicht leicht. Wir stellen uns der Aufgabe, unsere eigene Erziehung kritisch zu betrachten, wie wir es in diesem Buch getan haben, und bemühen uns, die alten Komplexe der Eltern zu überwinden, um unsere Kinder nicht mit den Fehlern der vorhergehenden Generationen zu belasten.

Ich hoffe, dass dich das Nachdenken über deinen Vater spontan zum Nachdenken über deine Beziehung zu den Kindern um dich herum und über deinen Einfluss auf die jüngere Generation veranlasst hat.

Halte einen Moment lang inne und denke an ein bestimmtes Kind, das du kennst … Wie ist deine Beziehung zu diesem Kind und wie bist du mit deinem elterlichen Einfluss auf dieses Kind zufrieden? …

Wir Erwachsenen verbringen zunehmend mehr Zeit am Arbeitsplatz und halten uns immer weniger in anderen sozialen Gruppen und Gemeinschaften auf. Wir verlieren dabei das Gefühl, für jedes Kind verantwortlich zu sein, nicht nur für die eigene Nachkommenschaft. In Zeiten der Stammesgesellschaften und auch in unseren sozialen Gemeinschaften war es noch bis vor gar nicht langer Zeit üblich, dass jeder und jede Erwachsene für alle Kinder der Gruppe Verantwortung übernahmen. Nicht nur Vater und Mutter, Großvater und Großmutter, nicht nur Onkel und Tante waren für das körperliche, emotionale, geistige und spirituelle Wohl der Kinder zuständig – auch von den anderen Erwachsenen wurde erwartet, dass sie jeweils ihren spezifischen Beitrag leisteten und allen Kindern der Gemeinschaft, mit denen sie Kontakt hatten, Hilfestellung gaben. Kinder konnten so aus einem großen Reservoir von Einflüssen schöpfen und wurden zu ausgeglichenen Persönlichkeiten.

Heutzutage ist unser Gemeinschaftssinn jedoch buchstäblich gelähmt. Auf der Suche nach besseren Lebensbedingungen ziehen die Familien von einem Ort zum andern. »Schlafstädte« bieten nur begrenzte Kontaktmöglichkeiten außerhalb der Familie, und in immer weniger Gemeinden entwickeln sich starke Bindungen zwischen den Nachbarn, die den persönlichen Draht und die Teilhabe an kommunalen Angelegenheiten fördern. Zeit, die früher ungezwungen mit den Nachbarn verbracht wurde, wird heute vom Fernsehen besetzt. Viele Erwachsene haben im Laufe des Tages – oder der Woche – keinen echten Kontakt zu Kindern, außer den eigenen. Das Leben ist so hektisch geworden, so automatisiert und unpersönlich, dass es kaum noch zu einem regelmäßigen Zusammentreffen mit den Nachbarskindern kommt.

Ist es dir, mitten in dieser traurigen gesellschaftlichen Situation, gelungen, fürsorgliche Beziehungen mit den Kindern deiner Umgebung aufrechtzuerhalten? Ist es dir gelungen, wenigstens zu einigen Kindern direkten Kontakt herzustellen? Bist du regelmäßig mit ihnen zusammen, lehrst du sie spezielle Dinge, die du beherrschst, spielst du mit ihnen und lässt du sie erfahren, was für ein Mensch du bist?

Viele Erwachsene klagen, dass Kinder heute anscheinend keine Kontakte zu Erwachsenen in ihrer Umgebung mehr haben möchten. Es hat sich offensichtlich eine riesige Kluft zwischen den Generationen aufgetan, und die Kinder leben so andere Leben, dass selbst einfache Gespräche zwischen Erwachsenen und Kindern schwierig sind. Wir dürfen jedoch nicht vergessen, dass die Kinder nur auf eine Welt reagieren, die von Familien, Gruppen, Behörden und Regierungen gestaltet wurde. Es ist nicht ihre Schuld, wenn die Welt der Erwachsenen sie nicht interessiert oder sie sich in einem Zustand emotionaler Verwirrung befinden und manche Dinge falsch beurteilen. Schon als sehr kleine Kinder werden viele des angemessenen Kontakts mit ihren Eltern beraubt, werden vor dem Fernsehapparat ruhig gestellt und sind in vieler Hinsicht vom Fernsehen, dem größten Feind des Familienlebens, einer regelrechten Gehirnwäsche unterzogen. Wenn du also auf ein Kind zugehst und auf eine kühle oder gleichgültige Reaktion stößt, denke bitte daran, dass das Kind nur die Erfahrung seiner Umwelt wiedergibt. Kinder sind im Grunde mitteilsam und kontaktfreudig, wenn man ihnen nur die Gelegenheit dazu gibt. Es ist unsere Aufgabe, ihnen diese Gelegenheit einzuräumen.

Eltern sind seit langem darüber besorgt, dass ihre Kinder lieber fernsehen, als am Familienleben teilzunehmen. Meist stimmt das auch. Wir müssen allerdings die Verantwortung für eine Kultur übernehmen, die eine Maschine entwickelt und verbreitet hat, die in der Tat süchtig macht, sowohl durch ihre Allgegenwart als auch durch ihr Programm. Sie hemmt die kommunikative Entwicklung und Phantasie der Kinder, während diese gleichzeitig um körperliche Aktivität, ihre natürliche Form, überschüssige Energie abzubauen, betrogen werden. Das Fernsehen bietet »Glück« an in Form von Produkten, die sich Kinder dann dringend wünschen; diese Spielsachen und Esswaren können zum – armseligen – Ersatz für Liebe und Zuwendung werden.

Ich bin mir ganz sicher, dass irgendwann das Fernsehen als Droge gelten wird, die Erwachsene Kindern verabreichen, um sich den Anforderungen des häuslichen Zusammenlebens und der Elternschaft entziehen zu können. Gäben wir den Kindern Opium, würde uns diese Droge ebenfalls von den Anforderungen der Elternschaft entlasten; die Kinder säßen stundenlang still und kämen ohne unsere Zuwendung aus. Genau das tut auch das Fernsehen: Eltern brauchen am Abend, wenn die Familie beisammen ist, ihren Kindern keine Aufmerksamkeit mehr zu schenken.

Damit will ich nicht sagen, dass das Fernsehen das Leben eines Kindes nicht auch bereichern kann. Ein großer Teil der Informationen über die Welt kommt über dieses Medium. Doch das Medium selbst ist kalt, unpersönlich, zweidimensional und nur ein Ersatz für die Wirklichkeit. Das ist es, was wir unseren Kindern als Hauptkontakt zur Außenwelt anbieten. Nachdem sie jahrelang der künstlichen Fernsehwelt ausgesetzt wurden, erscheinen nun auch die Kinder irgendwie künstlich, denn ihre Köpfe sind von frühester Kindheit an mit zweidimensionalen Wirklichkeiten programmiert.

Wenn die Kinder noch sehr klein sind, ist ihr Fernsehkonsum leicht unter Kontrolle zu halten, insbesondere wenn der Vater oder die Mutter persönlich in der Nähe ist. Eine Stunde am Tag ist sicher das Maximum, wenn es einen Ausgleich durch echte Interaktionen gibt, die allein zur Entwicklung zwischenmenschlicher Beziehungen führen.

Wenn die Kinder ein wenig älter sind und mehr Außenkontakte haben, interessiert sie sehr, was andere Kinder tun – und im Fernsehen anschauen. Bald werden Eltern mit anderen faszinierenden elektronischen Geräten, mit Videospielen und Surfen im Internet um die Aufmerksamkeit ihrer Kinder wetteifern müssen. Aus diesem Grund müssen wir in den ersten Jahren der Kinder und auch noch später jede Gelegenheit nutzen und positive Dinge ausfindig machen, die die Kinder zusammen mit den Eltern und anderen Familienmitgliedern unternehmen können. Die außerfamiliären Anforderungen nehmen so viel Zeit und Energie in Anspruch, dass es einer besonderen Anstrengung und einiger Phantasie bedarf, die Zeit mit unseren Kindern sinnvoll zu gestalten. Es ist nicht damit getan, schlechtes Betragen zu unterbinden, Tischmanieren zu lehren sowie darauf zu achten, dass sie sich waschen, bei der Hausarbeit helfen, ihre Schulaufgaben machen und nicht die ganze Nacht aufbleiben – und doch scheint die Zeit vieler Eltern nur dafür zu reichen. Wir müssen Dinge suchen und ausprobieren, die wir zusammen mit unseren Kindern tun können und die allen Spaß machen.

Lege dir für die nun folgenden Überlegungen Schreibzeug bereit.

Nimm dir ein paar Minuten Zeit zum Entspannen, schließe die Augen und lass dein Kind oder deine Kinder im Geiste zu dir kommen ... Lass dich selbst wieder zum Kind werden ... Erinnere dich an ein paar Dinge, die du gern mit deinen Eltern getan hast oder die du dir immer gewünscht hast, mit ihnen zu tun ... Erstelle eine Liste dieser Dinge, eine Wunschliste, und stell dir vor, wie du deinen Kindern davon erzählst ... Stell dir dann vor, wie es heutzutage ist, Kind zu sein, und welche interessanten Dinge du mit einem Erwachsenen tun möchtest ... Mach dir eine entsprechende Liste ... Stell dir vor, du fragst deine Kinder, was sie gerne mit dir tun möchten ... Schreibe alles auf ...

Du kannst dir nun wieder Zeit lassen, innehalten und ein wenig über deine Alltagsaktivitäten nachdenken. In welcher Form betei-

ligst du dich am Großziehen der nächsten Generation? Atme ganz entspannt, achte auf die Erinnerungen, die dir in den Sinn kommen ... Überlege, was du anzubieten hast, was sie interessieren, ihnen den Kontakt zu dir erleichtern und ihre Welt bereichern könnte, damit aus ihnen ganze Menschen werden, die später die Elternrolle gut bewältigen ... Denke darüber nach, wie du ein fürsorglicherer Erwachsener werden könntest ...

Obwohl dir dieses Buch hauptsächlich bei der Bearbeitung deiner früheren Vaterbeziehung helfen will, besteht ein Hauptziel auch darin, dich heute und künftig Kindern gegenüber kontaktfähiger zu machen. Ich habe dies in meinem eigenen Kopf und Herzen gespürt, während ich alle diese Kapitel niederschrieb. Ich habe über alle Anregungen, die ich dir gegeben habe, nachgedacht, über meinen eigenen Vater, und plötzlich betrachtete ich auch meine eigene Vaterrolle.

Das Leben ist ein Kontinuum. Wir blicken zurück, damit wir klarer in die Zukunft sehen können. Indem wir alte Wunden heilen, die mit unseren Vätern zu tun haben, heilen wir unsere Herzen und können der neuen Generation Liebe und Interesse entgegenbringen. Deshalb ist das Nachdenken über frühere Erfahrungen mehr als passives Schwelgen in Erinnerungen. Es ist ein Akt der Verantwortung, der es uns ermöglicht, die Gegenwart bewusster zu erleben.

Dein Vater hatte bestimmte Lebensgewohnheiten und der Kontakt mit dir lief nach gewissen Regeln ab. Wie und wo dein Vater seine Zeit verbrachte, war für das Grundszenario eurer Beziehung ausschlaggebend. Das trifft auch auf dich und deine Kinder, die Kinder deines erweiterten Familienkreises und deiner ganzen Umgebung zu. Wenn du die Angewohnheit hast, nach dem Heimkommen stundenlang vor dem Fernsehapparat zu sitzen, wie es möglicherweise dein Vater früher auch getan hat, beeinträchtigt dies deine Rolle als Förderer der jüngeren Generation.

Im Grunde musst du beurteilen, ob dein Vater seine Elternrolle erfolgreich gespielt hat. Dieses Buch hat dir eine Anleitung zur Überprüfung gegeben. Wenn du einmal ein klares Bild von den positiven Seiten deines Vaters gewonnen hast und andererseits weißt, wann er dich im Stich gelassen und enttäuscht hat, kannst du dich selbst als Vater einschätzen und abwägen, inwieweit du die positiven Seiten deines Vaters weiterträgst und weniger effektive elterliche Gewohnheiten ablegst.

Denke aber bitte nicht, dass bei der Beurteilung deiner selbst oder deines Vaters die Begriffe Schuld und Unfähigkeit von Bedeutung sind. Wir alle tun unser Bestes in Anbetracht unserer Fähigkeiten, der Situation und der zur jeweiligen Zeit gegebenen psychologischen Grenzen. Niemandem ist damit gedient, wenn du dich schuldig fühlst, weil du dich für einen schlechten Vater hältst, denn Schuldgefühle sind kontraproduktiv: Sie verstärken nur eine potenzielle Unfähigkeit.

Ich möchte, dass du ehrlich über dein Verhalten als Vater nachdenkst, damit dir klar wird, welche Gewohnheiten du von deinem Vater übernommen hast. Mit Hilfe dieser Erkenntnisse über deine heutigen Gewohnheiten und deine frühe Konditionierung kannst du dich nach und nach in die gewünschte Richtung verändern. Wenn du deine Aufmerksamkeit auf einen Bereich deines Lebens richtest, in dem alte Gewohnheiten mit deinem heutigen Leben in Konflikt stehen, löst du fast immer eine spontane Bewegung in Richtung neuer, geeigneterer Verhaltensweisen aus.

Ein Beispiel: Wenn du dich das nächste Mal vor den Fernsehapparat setzt, kannst du ganz bewusst darüber nachdenken, welcher Gewohnheit du damit folgst. Du hast nun die Wahl, mit der Gewohnheit fortzufahren oder den Apparat abzuschalten und zu überlegen, ob du nicht etwas anderes tun könntest, etwas, von dem auch dein familiäres Umfeld profitiert. Persönliches Wachstum ist ein sanfter Prozess, bei dem du deine Wahrnehmungsfähigkeit ständig erweiterst. Du siehst deine Gewohnheiten immer klarer und änderst sie in der dir angemessenen Weise. Die Erweiterung deiner Fähigkeiten als Vater vollzieht sich ebenso. Fühle dich nicht schuldig, wenn du beschließt, einfach vor dem Fernseher zu sitzen. Sei dir aber bewusst, welche Wahl du getroffen hast, damit dir die Möglichkeit erhalten bleibt, dich künftig für eine andere Aktivität zu entscheiden.

Du kannst jedoch nicht erwarten, ein fürsorglicher Vater zu sein, wenn du deinen Kindern nur dann Aufmerksamkeit schenkst, wenn du von den Anforderungen des außerhäuslichen Lebens bereits erschöpft und gestresst bist. Viele Erwachsene sehen hauptsächlich deshalb fern, weil sie geistig ermattet sind und keine andere Zeit am Tag zur Entspannung finden. Die Herausforderung besteht darin, eine Möglichkeit zur Entspannung zu finden, ohne sich einfach auszuklinken und die Zeit bis zum Schlafengehen totzuschlagen. Wenn du den Anregungen gefolgt bist, die in diesem Buch gegeben wurden, hast du wahrscheinlich etwas über Entspannung gelernt. Es ist eines der erstaunlichen Merkmale von Entspannung und Meditation, dass sie dich in einen ruhigeren, empfänglicheren Zustand versetzen können. Wende also an, was du bisher aus diesem Buch gelernt hast, und nimm dir irgendwann untertags oder am frühen Abend Zeit, um dich zu entspannen und aufzutanken. Dann gelingt es dir vielleicht, einen Teil deiner Zeit anders zu verbringen, und die mit deinen Kindern verbrachte Zeit wird mehr sein als eine weitere Arbeit.

Du hast genug innere Ressourcen, um Gewohnheiten und Routineaktivitäten, die der Entwicklung enger familiärer Beziehungen entgegenstehen, zu verändern.

Nimm dir nun etwas Zeit, mache es dir bequem, entspanne dich, atme …

Denke darüber nach, wie du deine Zeit verbringst. Welche Gewohnheiten hast du, die deinem Leben oder dem Leben deiner Kinder nicht gut tun? … Denke auch an Routineaktivitäten, die dir bisher selbstverständlich waren. Stelle dir vor, wie du sie durchführst … Wie verbringst du deine Zeit, worauf richtest du deine Aufmerksamkeit? … Bringen dich deine Alltagsgewohnheiten in Kontakt mit den Kindern um dich herum oder halten sie dich von ihnen fern? … Lass auch hier wieder deiner Phantasie freien Lauf … Was müsste geschehen, um eine Veränderung der Gewohnheiten möglich und erstrebenswert erscheinen zu lassen, damit dir mehr Zeit für deine Kinder bleibt? … Betrachte eine bestimmte Gewohnheit, eine Alltagsroutine … Wie könntest du sie verändern?

Du wirst immer wieder, bis ans Ende deines Lebens, Gelegenheit haben, einem Menschen aus der jüngeren Generation eine helfende, liebevolle Hand zu reichen. Egal, wie erfolgreich dein eigener Vater in dieser Hinsicht war, du kannst dich weiterentwickeln und am Leben der Kinder in deiner Umgebung intensiver teilnehmen, wenn du deren Bedürfnisse bewusst wahrnimmst und darauf reagierst.

Kinder stellen einen nicht vor unlösbare Aufgaben. Sie hungern nach Aufmerksamkeit und Herzenskontakt. Sie lechzen nach Liebe und Unterweisung, genauso wie sie nach Nahrung und Bewegung, Sonne und Schlaf verlangen. Sie brauchen starke Eltern und andere Bezugspersonen, die ihnen Grenzen setzen und helfen, ihre Persönlichkeiten zu definieren. Wir als Erwachsene sollen das eigene Leben genießen, aber auch mit Freude der jungen Generation Zeit und Aufmerksamkeit widmen.

Mache nun eine Pause und stimme dich auf deinen Atem ein ... Achte auf deine Gefühle, wenn du dir vorstellst, wie du Kindern Zeit, Hilfe und liebevolle Aufmerksamkeit schenkst ... Lass die Gedanken, Erinnerungen und Erkenntnisse ganz entspannt kommen ...

Schlusswort: Seinen Geist wach halten

Es liegt in der Natur der Dinge, dass unsere Väter uns schließlich verlassen und wir die letzten Jahre auf der Bühne des Lebens ohne ihre stützende, fördernde Präsenz verbringen müssen. Wir wissen ferner, dass wir mit dem Schmerz, den ihr Tod verursacht, fertig werden und unser Leben weiterleben müssen. In dem Maß, wie wir die Realitäten von Leben und Tod akzeptieren, können wir den Tod unserer Väter in die Weiterentwicklung und Zukunft unserer Familien integrieren.

Um den Geist und die Persönlichkeit deines Vaters in dein gegenwärtiges Leben aufnehmen zu können, solltest du dich auf positive Möglichkeiten besinnen, die Präsenz deines Vaters in deinem Herzen, deinen Gedanken und Handlungen lebendig zu erhalten.

Als junger Mann studierte ich unter weisen alten Lehrern den spirituellen Weg des Ostens und las viele Bücher darüber. Es fiel mir sehr schwer, die tiefere Bedeutung der Ahnenverehrung zu erfassen. In den meisten primitiven Gesellschaften und in traditionellen, äußerst hoch entwickelten östlichen Gesellschaften war es seit urdenklichen Zeiten Ziel der Ahnenverehrung, den Geist der längst Verstorbenen in den Herzen der lebenden Generation lebendig zu erhalten. In der westlichen Kultur jedoch ist Ahnenverehrung aus der religiösen Praxis seit langem gestrichen.

In einem über Religion und Aberglauben hinausgehenden Sinne gibt es eine psychologische Realität in Bezug auf die fortlaufende Präsenz der Geister der Verstorbenen in unserem heutigen Leben. Mag es auch keine in der Luft herumschwebenden Geister geben, so gibt es ganz sicher Geister und Gespenster in unseren Köpfen. Sie durchdringen das Bewusstsein auf eine Weise, die wissenschaftlich noch nicht erforscht, geschweige denn exakt dargestellt ist.

Diese Geister existieren in dem Universum, das wir Erinnerung nennen. Ich habe bereits erwähnt, dass das Gedächtnis sehr weit zurückreicht, ganz sicher bis in den Leib unserer Mutter, und durch das genetische Erbe möglicherweise bis in frühere Generationen. Wenn wir offen sind für diese Dimension des Kontakts mit der Vergangenheit und wir deren Geister in unserem innersten Bewusstsein lebendig halten, praktizieren wir auch eine Form der Ahnenverehrung.

Durch die Konzentration auf unsere Vaterbeziehung bekommen wir auch ein besseres Gefühl für allgemeinere Kontakterfahrungen mit unseren Vorfahren. Solange unsere Väter leben, können wir sie bei jedem Zusammensein körperlich erfahren. Doch auch wenn sie noch leben, wir aber nicht direkt beisammen sind oder miteinander telefonieren, existieren sie auf einer bestimmten geistigen Ebene, die von der unmittelbar körperlich fassbaren Realität einen Schritt entfernt ist. Sie sind Geister, die in unseren Erinnerungen wohnen, und dies bereits zu ihren Lebzeiten. Das trifft auch auf alle anderen uns bekannten Menschen zu, denen wir in der Vergangenheit begegneten. Sie sind in unserem Inneren präsent, selbst wenn sie unserer aktuellen sinnlichen Wahrnehmung entzogen sind.

Mag dein Vater auch sterben und sich aus dieser Welt der sinnlichen Wahrnehmung verabschieden, so existiert er selbstverständlich in deinem Bewusstsein, in deinem Gedächtnis weiter. Um dir seine Präsenz bewusst zu machen, musst du nur deine Aufmerksamkeit auf ihn richten – das heißt, auf die Erinnerung an ihn. Dann ist er plötzlich da und sehr lebendig im inneren Universum deines Bewusstseins.

Oft passiert etwas Sonderbares mit diesem Geist, den du in deinem Bewusstsein trägst, nachdem die betreffende Person gestorben ist. Nach einigen Monaten oder Jahren neigt dein Geist dazu, die neurotischeren Dimensionen der Persönlichkeit deines Vaters in den Hintergrund zu rücken. Vielleicht erinnern wir uns noch ein paar Jahre lang an die neurotischen, unangenehmen Seiten eines geliebten Menschen. Doch nach einer Weile fangen wir an, die Erinnerungen zu reinigen, und die geliebte Person erscheint schöner, reiner, klarer und abgerundeter. Das ist durch Untersuchungen belegt.

Nachdem dieser Reinigungsprozess abgeschlossen ist, ist aus unserem Vater, unserem unmittelbarsten Vorfahren, eine verehrungswürdige Gestalt geworden. Wir haben ihn zu einem Archetypen gemacht, zu einem wunderbaren Vorbild für unser eigenes hohes Alter.

War der Vater ein schrecklicher Vater, kann dieser Reinigungsprozess selbstverständlich nicht in befriedigendem Maße stattfinden, und er bleibt als hässliche Karikatur im Gedächtnis. Doch meist kommt es nicht so. In der Regel verwandeln wir unsere Väter, so wenig perfekt sie im Leben waren, in wunderbare Geister, die wir gerne in unserem Inneren wohnen lassen.

Ich möchte dir nun eine einfache Meditation vorschlagen, die du einsetzen kannst, auch wenn dein Vater im Moment noch sehr lebendig und munter ist. Erst recht aber, wenn er schon im Grab liegt. Nimm dir täglich oder mehrmals täglich ein wenig Zeit, besonders wenn du die vorangegangenen Anregungen in diesem Buch voll ausgeschöpft hast, um diese Meditation über deinen Vater durchzuführen.

Stimme dich zuerst auf deinen Atem ein, achte auf die Gefühle, Spannungen und Freuden, die dir dein Körper mitteilt … Achte auf deinen Geist, deine Präsenz im Hier und Jetzt … Gib ihm nun die Erlaubnis, sich sanft zu erweitern und den Geist deines Vaters in dein Inneres aufzunehmen. Lass Erinnerungen an gemeinsame Zeiten zu … Entspanne dich und gib dir Raum, in die Erfahrung seines eigentlichen Geistes hineinzuatmen, des Geistes, der über seine Eigenheiten und Launen hinausgeht. Lerne dich mit dem eigentlichen Wesen seines Geistes zu verbinden, das Bestand hat, lange nachdem er gegangen ist … Sein Geist wird als stärkende, nährende Kraft bis an dein Lebensende in dir sein.

Gib dieser Dimension Raum, sich in deinem Geist, in deinem Herzen und in deiner Seele zu entwickeln, denn sie ist eine der schönsten Dimensionen der Vater-Kind-Beziehung. Eines Tages wirst du deinen Vater als körperliche Erscheinung auf dieser Welt verlieren, wenn es nicht bereits geschehen ist. Die innige Verbundenheit mit seinem Geist brauchst du aber nie zu verlieren.

So kann ich mich heute allen meinen vier Großeltern öffnen und ihre Präsenz in meinem Leben fühlen. Und ich muss sagen, dass ich in gewisser Weise meine Ahnen verehre, weil ihre spirituelle Präsenz, ihr gereinigtes Wesen in meinem Innern, mich in meinem gegenwärtigen Leben leitet und unterstützt. Mein Vater ist noch sehr lebendig und doch fühle ich schon jetzt diese unaufhörliche tiefere Verbindung mit seinem Geist. Ich glaube, dass mein großer Sohn diesen Kontakt mit mir auch bereits spürt.

Ich will dich ermuntern, diese in dir wohnenden Geister zu pflegen, ihnen Aufmerksamkeit und Liebe zu schenken und ihnen Raum und Zeit zu geben, damit dein Gefühl familiärer Verbundenheit niemals abreißt. Pflege die harmonische Einheit und Verbundenheit, während du gleichzeitig die nötige Distanz zu den negativen Seiten gewinnst, und die Beziehung zu deinem Vater wird dein ganzes Leben lang lebendig bleiben.

Kontaktadressen

John Selby kommt regelmäßig nach Europa,
um Seminare abzuhalten. Nähere Informationen
erhalten Sie bei der

Seminarorganisation Wolfgang Gillessen
Balanstr. 365
81549 München

Tel./Fax: 0 89 / 68 07 07 02
E-Mail: WGillessen@t-online.de

Wenn Sie mit John Selby direkt in Kontakt treten
wollen:

E-Mail: selby@aloha.net
Internet: http://www.johnselby.com

Literatur

Bartholomew: *I Come as a Brother*, Santa Fe: High Mensa Press 1986

Besolwitz, B.L.: *Anxiety and Stress*, New York: McGraw-Hill 1955

Buscaglia, Leo: *Leben – lieben – lernen. Brücken bauen – nicht Barrieren,* München: Goldmann 1991

Castaneda, Carlos: *Die Kunst des Pirschens,* Frankfurt/M.: Fischer-TB, 12. Aufl. 1997

Colgrove, Melba: *Surviving the Loss of a Love,* New York: Bantam 1997

Golas, Thaddeus: *The Lazy Man's Guide to Enlightenment*, New York: Bantam 1972

Gurdjieff, Georg J.: *Begegnungen mit bemerkenswerten Menschen,* München: Heyne 1997

James, William: *Psychology*, New York: World Publishing 1948

Johnson, Robert: *Understanding Masculine Psychology*, New York: Harper 1987

Jung, C.G.: *Seelenprobleme der Gegenwart*, München: dtv 1991

Koestler, Arthur: *The Act of Creation*, New York: Random House 1978

Kramer, Joel: *The Passionate Mind*, San Francisco: Celestial Arts 1973

Krishnamurti, Jiddu, *Freedom from the Known*, New York: Harper 1969

Kübler-Ross, Elisabeth: *Leben bis wir Abschied nehmen*, Stuttgart: Kreuz 1979, und Gütersloh: Gütersloher Verlagshaus, 4. Aufl. 1998

Lao-tse: *Tao-te-king (Dau-De-Dsching),* München: Kösel 1995

Lowen, Alexander: *Liebe und Orgasmus*, München: Kösel 1980

May, Rollo: *Liebe und Wille*, Köln: Edition Humanistische Psychologie 1988

Pearce, Joseph, Ch.: *Magical Child Matures*, New York: Bantam 1986

Percy, Walker: *Das Loch im Kosmos. Die Suche nach einer universalen Spiritualität,* München: Heyne 1999

Reich, Wilhelm: *Die Funktion des Orgasmus. Die Entdeckung des Orgons. Sexualökonomische Grundprobleme der biologischen Energie,* Köln: Kiepenheuer & Witsch 1987

Rush, Anne: *Getting Clear,* New York: Random House 1993

Satir, Virginia: *Peoplemaking*, Palo Alto: Science and Behavior Books 1972

Schweitzer, Albert: *Aus meinem Leben und Denken. Erweiterte Neuausgabe*, Frankfurt/M.: Fischer-TB 1995

Shaw, Idres: *The Way of the Sufi*, New York: E.P. Dutton 1968

Watts, Alan: *Nature, Man and Woman*, London: Thames Hudson 1958